RESET

FLOR BONDOREVSKY

RESET
LA NEUROCIENCIA DEL BIENESTAR

Colaboración y prólogo
JORGE DOTTO

Reset, la neurociencia del bienestar

© Florencia Bondorevsky, 2025
© Foto de solapa: Beata Praska
© De esta edición: NPQ Editores 2025
www.npqeditores.com

Primera edición: noviembre, 2025
Impreso en España

 Los papeles que usamos son ecológicos, libres de cloro y proceden de bosques
gestionados de manera eficiente.

ISBN: 979-13-87868-53-6
Depósito legal: V-4620-2025

De la edición argentina:
© TEMAS Grupo Editorial SRL. 2025
Cerrito 136 Piso 3º A, CABA (1010) Argentina
Teléfonos: (5411) 4381.1182 o 4383.6336
www.editorialtemas.com
www.editorialtemasdigital.com
ISBN: 978-987-8387-94-9
CDD 158.128

1ra edición, junio de 2025

Comité TEMAS Grupo Editorial
Dirección: Jorge Scarfi
Supervisión general: Betiana Cabutti
Edición y corrección: Martín Scarfi
Diagramación editorial: Editorial Autores de Argentina
Diseño de portada: María Inés Nethol

*A mi hermosa hija Jazmín y a mi marido
y compañero de aventuras, Alan Mai, que
me abrazan cada día con sus miradas y su amor.*

"Florencia ha demostrado una curiosidad intelectual ex-cepcional y una gran dedicación en el programa de MIT. Ha combinado sus altas habilidades analíticas con un profundo compromiso, logrando un impacto significati-vo. Su capacidad para tender puentes entre la teoría y la práctica, junto con su mentalidad de liderazgo, la distin-guen. Es una verdadera pensadora y agente de cambio: enfrenta los desafíos con rigor y con el corazón."

Rita Ranchod

Facilitadora del programa *Neuroscience for Business* (MIT Sloan – *Get Smarter*). Coach Ejecutiva en *WITS Business School* y *Stellenbosch Business School*.

"He tenido el privilegio de ser testigo del gran com-promiso de Florencia con el programa *Neuroscience for Business* de MIT. Puedo afirmar con total confianza que ella lo abordó tanto con una dedicación como con una profundidad notables. Su capacidad para incor-porar los principios de la neurociencia y traducirlos en aplicaciones prácticas y reales ha sido verdaderamente impresionante.

Su curiosidad, pensamiento crítico y disposición para cuestionar enfoques convencionales le han permitido aplicar conocimientos basados en neurociencia de ma-nera que promueven un cambio significativo. La forma en que implementó los conceptos del programa refleja no solo su comprensión, sino también su habilidad para volverlos accionables en contextos empresariales.

Ha sido un placer haber contribuido, aunque sea en una pequeña parte, en su camino. No tengo dudas de que Florencia seguirá generando un impacto importante, utilizando la neurociencia como una herramienta poderosa de transformación y crecimiento."

Kevin Britz

Evaluador del Programa MIT Sloan. Facilitador Experto. Especialista en Comportamiento Humano. Autor de *The Future of Work is Human*. Conductor de Podcast. Coach Ejecutivo

"Conocí a Florencia mientras impartía una conferencia de formación para CEOs en Madrid y, de inmediato, me impresionó su energía y su capacidad para transmitir con pasión lo que hace y lo que ha cambiado su vida. Su conocimiento, sólida formación y su manera cercana de comunicar generan confianza y empatía. Por ello, también la invité a formar parte de *Bridgewhat* como *Advisor*, la plataforma internacional que conecta empresas con *Advisors* de primer nivel, y de la cual soy socio fundador y CEO. Recomiendo su libro sin ninguna duda, ya que ayudará a líderes y equipos a potenciar al máximo sus capacidades."

Paulo Morgado

Co-fundador y Managing Director de Bridgewhat

"Conocí a Flor hace apenas unos meses, parecía que el destino quería que nos encontráramos. Desde ese momento y en muy poco tiempo dejó una huella imborrable en mí y en mi forma de comprender la vida. Fue en una charla sobre neurociencia cuando su pasión, conocimiento y calidez humana lograron conectar profundamente con todos los que la escuchábamos. Tanto me impactó, que decidí invitarla a realizar un taller para mi equipo de trabajo, donde, una vez más, demostró su increíble habilidad para transmitir conceptos complejos con claridad, empatía y entusiasmo. Su enfoque no solo transforma mentes, sino corazones, inspirándonos a abrazar el cambio y el bienestar desde adentro hacia afuera. Tenerla como guía en este camino ha sido un privilegio, y estoy convencida de que este libro será una extensión de la luz que ella comparte con todos nosotros."

Lydia Seller Fernández

CEO y Directora ejecutiva en AFJ GLOBAL

ÍNDICE

PRÓLOGO

por Jorge Dotto[1]

1   **Jorge Dotto** es médico. Cofundador del Centro de Genética Jorge Dotto (jorgedotto.com), empresa pionera en Argentina y la región en medicina de precisión. Egresado de la Universidad de Buenos Aires (UBA). Fue jefe de residentes en la *Yale University School of Medicine*, donde realizó su especialización en anatomía patológica, y patología ginecológica y mamaria. Es especialista en patología molecular y genética de la *Harvard Medical School*.

Conozco a Florencia desde hace muchos años, y fui testigo de su proceso de transformación. Una transformación profunda, valiente y luminosa, que no solo cambió su vida, sino que hoy tiene el potencial de inspirar y guiar la vida de miles de personas.

Florencia es, ante todo, una gran persona. Una mujer generosa, apasionada y en constante búsqueda de su mejor versión a nivel personal y profesional. Durante más de dos décadas, se destacó como abogada en estudios jurídicos y empresas de primera línea, con una sólida formación académica en la Universidad de Buenos Aires (UBA) y una maestría en Derecho y Economía en la Universidad Torcuato Di Tella (UTDT), ambas prestigiosas instituciones en Argentina. Su recorrido profesional en el mundo corporativo fue impecable. Pero lo más admirable es que, cuando parecía haber alcanzado todo lo que muchos considerarían "el éxito", ella decidió dar un giro. Eligió dejar la zona de confort, aun cuando pocos entendían su decisión. Escuchó su intuición y se animó a ir por más: más propósito, más bienestar, más sentido.

Este libro es el fruto de ese recorrido. Es la síntesis de su experiencia como profesional del derecho, su formación realizando cursos en neurociencia aplicada y nutrición integral en Estados Unidos, y en técnicas de meditación y respiración con referentes internacionales. Pero, sobre todo, es la expresión más genuina de su vocación actual: ayudar a las personas a alcanzar su máximo potencial, en lo personal y en lo profesional.

Nos invita a descubrir que nuestro cerebro puede ser nuestro mayor aliado. Que no estamos determinados por nuestro pasado, y que, gracias a la neuroplasticidad, podemos reprogramar nuestra mente, cambiar nuestros hábitos, gestionar el estrés, potenciar nuestras emociones positivas y vivir de una forma más plena y consciente. Con herramientas prácticas y con un lenguaje claro y cercano, nos guía a través de ejercicios, conceptos científicos y experiencias personales que tienen un único objetivo: que logremos nuestra mejor versión.

Este libro es una gran contribución para quienes sienten que pueden mejorar algún aspecto de su vida —o varios— y no saben por dónde empezar. Es también una guía poderosa para líderes y profesionales que desean integrar el bienestar como parte esencial de su alto rendimiento. Lo más destacado es que Flor logra unir sus dos mundos —el corporativo y el del bienestar— de una manera honesta y valiosa.

PREFACIO

por Anna Fransson

Durante los últimos años he reflexionado mucho sobre el papel del bienestar en el liderazgo. Como directora general de la Cámara de Comercio Hispano-Sueca en Madrid, tengo la suerte de trabajar cada día con líderes y empresas de diferentes sectores, y sé bien lo desafiante que puede ser dirigir con equilibrio en un entorno cada vez más exigente. También he sido empresaria y conozco la presión constante, la falta de descanso mental y la sensación de tener que sostenerlo todo sin perder el rumbo. Por eso, cuando descubrí la importancia del cerebro en nuestra salud, nuestras emociones y nuestra capacidad de decisión, sentí que había encontrado una pieza esencial que hasta entonces me faltaba.

Todo comenzó con una amiga muy cercana —una mujer fuerte, brillante y exitosa líder empresarial— que logró salir de una adicción seria. Durante años me preocupó verla atrapada en una espiral que parecía no tener salida. Pero cuando la reencontré a comienzos de este año, me quedé sin palabras: estaba sana, fuerte, luminosa, y su mirada reflejaba una serenidad nueva. No solo era más feliz: era más clara, más empática y más sabia. Su transformación me despertó una enorme curiosidad. Me habló del cerebro, de cómo el abuso lo daña, pero también de su capacidad para regenerarse y adaptarse. Descubrí el concepto de la neuroplasticidad y comprendí que todos tenemos la posibilidad de resetearnos, de volver a empezar.

A partir de entonces, empecé a profundizar en el tema y a compartir mis reflexiones en distintos foros. En una de esas reuniones con directivos, después de contar esta experiencia, uno de los asistentes se acercó a mí y me dijo: "Hay alguien a quien quiero que conozcas: Florencia Bondorevsky."

Desde el primer momento, la autenticidad, la energía y la claridad con la que Florencia transmite el conocimiento me impactaron. Me habló de su propio proceso de cambio y de cómo había unido la neurociencia con el liderazgo y el bienestar. Compré su libro RESET ese mismo día y me atrapó. Cada página me ofrecía una nueva forma de mirar la vida, el trabajo y la capacidad humana de reinventarse.

Nací en Suecia, un país donde la cultura del bienestar es conocida por formar parte del día a día. Sin embargo, fue en España donde aprendí el valor de la energía, de la pasión y de la conexión humana. Florencia integra el conocimiento científico con la experiencia humana de un modo que inspira y transforma. RESET me enseñó que cuidar el cerebro no es solo un acto de conocimiento, sino una decisión de vida: una forma de liderazgo personal.

Puse en práctica muchos de sus consejos y pronto noté cambios. Mi médica se sorprendió con mis análisis de salud, pero lo más transformador fue sentirme más centrada, más serena, más enfocada y más feliz. Recuperé la sensación de estar al mando, con claridad y propósito.

Florencia tiene un talento excepcional para hacer visible lo invisible y recordarnos que el bienestar es una elección diaria. RESET no solo explica cómo funciona la mente: te invita a entrenarla, a confiar en ella y a usarla como tu mejor aliada.

Gracias, Flor, por inspirarnos a descubrir nuestra mejor versión y mostrarnos que siempre —en cualquier momento de la vida— el reset es posible.

Anna Fransson

Directora General, Cámara de
Comercio Hispano-Sueca

Madrid, 2025

INTRODUCCIÓN

MI VERDADERO *RESET*

El cerebro, mi mejor aliado

Y un día mi vida cambió para siempre. Fueron largos años de ir hacia adentro profundo, en una gran búsqueda personal y espiritual. En el medio hubo momentos en los que tuve que soltar y confiar, sin saber bien hacia dónde quería ir ni cómo lo iba a hacer, pero tenía en claro que algo en mí tenía que cambiar. Y un día, finalmente, la calma llegó, mi mente se aquietó y con ella mi respiración y mi corazón comenzaron a sentirse más seguros y más calmos, como un niño que recibe un abrazo fuerte y contenedor sin que lo suelten por un largo rato. Me cuesta explicar con palabras esta sensación, pero es lo más parecido que hay a sentir, por fin, paz.

Siempre tuve la sensación de que había otra forma de vivir y de apreciar la vida, distinta a cómo yo la conocía desde pequeña. Al final, nosotros somos quienes somos por nuestra historia, nuestro contexto y qué hicimos luego con todo ello. De dónde venimos nos determina, pero no nos define ni condiciona para siempre. Somos capaces de cambiar aún de adultos por nuestra neuroplasticidad cerebral y nuestras ganas de vivir de otra manera. Sin embargo, yo no lo sabía, aunque sí intuía, que había una forma diferente y más liviana de vivir.

Tuve que recorrer un largo camino e ir encontrando mis propias respuestas, rutinas y fórmulas de hacerle creer a mi mente que algo podía cambiar. Al final no somos otra cosa que lo que creemos que somos. Nuestros pensamientos determinan nuestra realidad. Nuestro cerebro no distingue entre lo real y lo imaginario. En definitiva, todos hemos aprendido a ver, observar y vivir el mundo desde pequeños a través de los ojos de nuestros padres y su mirada acertada o desacertada, compasiva o indiferente, arriesgada o amenazante de las cosas. Traemos muchas veces a nuestra vida: sus miedos, inseguridades, inquietudes, alegrías, logros y verdades.

Sin querer y de forma automática, tomamos como propia parte de su historia y la incorporamos a nuestra realidad. Sin embargo, somos nosotros los dueños de nuestra vida y de nuestros pensamientos y tenemos que ver qué hacemos con ellos para vivir de una manera lo más cercana posible al bienestar y al disfrute, aprendiendo a gestionar nuestras emociones.

Crear una mente más serena, fuerte y resiliente nos potencia, y nos da la gran oportunidad de conocer una nueva forma de vivir y así poder disfrutar de los pequeños grandes momentos que nos regala la vida.

Este libro es una invitación a descubrir juntos los secretos más valiosos que he encontrado para lograr una mente serena y plena desde la neurociencia aplicada y la meditación. Es por eso que, si tienes este libro en tus manos, es porque, en algún punto, estás alineado con la búsqueda de un cambio profundo hacia tu bienestar.

Nuestra felicidad no depende únicamente de las circunstancias externas, sino de la actitud con la que interpretamos lo que nos sucede. Cultivar una mente positiva, enfocada en las oportunidades en lugar de en las carencias, es la clave para vivir desde la abundancia. Todos experimentamos situaciones favorables y desafíos en la vida; la diferencia radica en cómo gestionamos lo que nos ocurre.

En lo personal, siento haber tomado una gran decisión cuando, a mis 41 años, decidí finalmente sumergirme de lleno en el maravilloso mundo de la neurociencia y de la meditación. De esta manera, un poco sin querer y en parte por mi gran anhelo personal de vivir más conectada con la calma y el disfrute, comencé a andar un nuevo camino que para mí era conocido pero extraño a la vez. Si cierro los ojos, puedo verme, ya desde mi adolescencia, en la búsqueda de alguna práctica, filosofía, disciplina o ritual que me permitiera encontrar una forma de vivir sin tanto sufrimiento y con la capacidad de poder disfrutar. Al final, lo único que todos queremos en esta vida es aprender a disfrutar. Así fue como un día me di cuenta de que había llegado algo nuevo a mi vida y, esta vez, para quedarse. Se trataba de una nueva forma de vivir donde yo comenzaba a apreciar pequeños momentos que jamás antes había registrado siquiera.

En medio de este camino, comencé a conectar y percibir de una manera diferente pequeños milagros de la vida que antes pasaban desapercibidos para mí: el perfume exquisito de una flor en medio de una caminata que me transporta a mi infancia; el cantar de los pájaros de camino a buscar a mi hija al colegio; las caricias de los rayos del sol asomando en mi ventana cada mañana; la belleza de la luz de la luna en medio de una fría noche de invierno en Madrid; o la mirada dulce de mi hija al comienzo de cada día. Lograr sentir, en lo profundo, un gran agradecimiento por la maravillosa familia que formé, o sentir una gran felicidad por el solo hecho de tener salud, han pasado a ser de las cosas que más valoro en mi vida y, a la vez, las que más me gratifican y llenan de felicidad y oxitocina.

Fue en este andar que comencé a generar el gran hábito diario de despertarme y regalarme los primeros minutos de mi día para conectarme con las cosas más bonitas de mi ser y de mi vida desde la meditación, el agradecimiento y la visualización. A su vez, aquieté mis pensamientos, logrando conectarme con mi paz interior desde que comencé a practicar respiraciones profundas, lentas y largas. De este modo, me apropié de las mejores mañanas de mi vida, sintiendo como reales cada una de las cosas y momentos a los que aquellas prácticas me llevaban. Para nuestra mente es real lo que pensamos, más allá de que efectivamente así lo sea; y estas palabras, momentos y visualizaciones pasaron a ser para mi cerebro parte de mi realidad. De esta manera, comencé a cambiar mi camino neuronal, y con este mis pensamientos y mi forma de vivir.

En resumen, integrar la neurociencia aplicada y la meditación en mi vida diaria me han permitido ir transformando mi cerebro en pos de una vida más serena y feliz. Al entrenar nuestra mente, desarrollamos habilidades para regular emociones, potenciar la creatividad y adoptar una mentalidad de abundancia. Este proceso de autoconocimiento y establecimiento de hábitos saludables no solo mejora nuestro bienestar personal, sino que también enriquece nuestras relaciones y entorno, permitiéndonos vivir con mayor entusiasmo y equilibrio.

Es, tal vez, con esta nueva mirada y este lente amoroso y positivo con el que he comenzado a mirar el mundo y vivir mi vida, que he podido percibir y lograr apreciar cosas maravillosas que habían pasado en mi vida. No es casual que un gran acontecimiento que se dio a mis 32 años, haya sucedido en medio de mi gran disciplina con la meditación y la manifestación, en aquel entonces, con la filosofía budista de Nichiren Daishonin. Yo meditaba para que llegue el amor de mi vida. Me sentía muy sola, y me faltaba un compañero que me quisiera y cuidara. Sin pensarlo ni hacer absolutamente nada, recibí un email de una ONG que me invitaba a participar de un viaje al extranjero a estudiar. En ese entonces, vivía en Argentina.

Yo no había aplicado a absolutamente nada, pero en mi bandeja de entrada había un nuevo email diciendo que había quedado seleccionada para ir a estudiar emprendedurismo y negocios en la Tel Aviv University, una reconocida universidad de Israel. Sin pensarlo mucho, y sin tener mucho que perder, fui a ver de qué se trataba, con la suerte de haber quedado seleccionada. Era todo muy sorpresivo, ya que me invitaban a un programa becada al 100 % para viajar a finales de ese mismo mes de diciembre del 2012. No sé muy bien cómo, pero acepté. No eran los mejores años de mi vida, pero yo estaba, más allá de mi ansiedad y angustia de ese momento, empezando a escribir mi historia de vida y amor. El destino me tenía una sorpresa preparada y yo, sin saberlo, me animé a vivirla. Cuando inicié ese viaje que duraba unos meses, yo estaba convencida de que algo bueno iba a venir, pero no sabía de qué se trataba. Lo que sí sabía era que en esos meses yo iba a seguir meditando, ya que estaban comenzado a darse cosas milagrosas en mi vida cuando yo destinaba mi energía y tiempo a alinearme con el universo.

Fue en ese viaje donde conocí a mi actual marido y papá de mi hermosa hija, Jazmín, que había sido seleccionado para ese mismo viaje desde su país, Uruguay. Hoy, él, mi hija y yo somos un gran equipo. Desearía muchas vidas para compartir con ellos todo el amor que nos tenemos. Son lo más lindo que me dio la vida. Y no fue casualidad que, luego de ese viaje de estudios, donde cada uno tenía ya armado un plan y destino, terminamos, a los pocos días, juntos en Japón, la otra punta del mundo de donde habíamos ido a estudiar. Y la que, a su vez, era la cuna del budismo que yo practicaba en aquel entonces. Místicamente, estábamos ambos en el centro cultural Soka Gakkai de Japón conociendo la organización y filosofía que yo practicaba con el afán de vivir mejor y más feliz. Para mí, esa fue mi primera gran prueba de lo poderosa que es nuestra mente cuando, desde la visualización, mediante la filosofía o religión que cada uno practique, nos conectamos con el universo, con Dios o el nombre que le asignemos y con nuestro infinito potencial.

El impacto de la neurociencia y el entrenamiento cerebral en mi vida

Conocer y entrenar nuestro cerebro desde la neurociencia aplicada y la meditación nos va a permitir vivir mucho más felices, serenos y conectados con el presente. La Dra. Tara Swart, neurocientífica y profesora del MIT, explica que nuestro cerebro está muy condicionado por la respuesta de supervivencia. Esta respuesta incluye mecanismos como la lucha, huida o congelación. Esto quiere decir que, ante cualquier situación nueva o diferente a la habitual en nuestra vida, el cerebro, automáticamente, entra en modo supervivencia generando cortisol y adrenalina. En consecuencia, en vez de ver las oportunidades, hace foco en las carencias.

Es por ello que la neurociencia tiene un profundo impacto en nuestra vida, nuestra forma de relacionarnos, de trabajar y de tomar decisiones. En este sentido, debemos entrenar a nuestro cerebro para lograr un rendimiento óptimo, que permita capacitarnos para pensar de manera creativa, regular nuestras emociones y superar pensamientos limitantes.

A su vez, el cerebro no distingue entre lo real e imaginario y funciona en un 95 % de forma inconsciente, y solo en un 5 % de manera consciente. Es dentro del 5 % consciente de nuestro cerebro donde podemos trabajar para reprogramarlo desde la corteza prefrontal, a través de la meditación, el *mindfulness*, ejercicios de neurociencia aplicada y la respiración consciente. De esta manera, podemos entrenar al cerebro a estar enfocado, concentrado y ser más eficiente. Así como entrenamos nuestro cuerpo en el gimnasio para que nuestros músculos estén fuertes para correr una maratón, ser buenos en un deporte o tan solo por el hecho de sentirnos saludables y vernos bien, o nos adaptamos a miles de dietas en nuestras vidas para sentirnos y vernos más saludables, con más energía o más *fit*, del mismo modo debemos entrenar nuestra mente para pensar y vivir de una manera más eficiente y con más entusiasmo.

La conexión entre el cerebro y el cuerpo es clave para así acceder a la plena capacidad del cerebro y entender cómo contrarrestar el pensamiento de escasez. Entrenar el cerebro, al igual que entrenamos el cuerpo, va a lograr lo mejor de él. Le va a permitir desarrollar calma, concentración y la atención plena.

En este sentido, y a los efectos de reprogramar nuestra mente para vivir mejor, debemos trabajar en nuestra plena capacidad mental. Esta nos permite salir del pensamiento en piloto automático y formar un pensamiento creativo y de abundancia. Para ello, debemos observar la manera en la que reaccionamos automáticamente frente a ciertas situaciones, para intentar cambiar y salir del *loop* de conductas del pasado (tendemos a repetir conductas del pasado ante situaciones similares de estrés). Repetirnos un mantra inverso a lo que se nos viene a la mente en momentos de mucho estrés es algo muy útil. En mi caso, utilizo el mantra «TODO ESTÁ BIEN» inhalando y exhalando.

A su vez, la meditación nos va a permitir reprogramar nuestro cerebro. Trabajar en el córtex prefrontal desde la meditación va a posibilitar al cerebro llegar a la frecuencia *theta* de calma e ir construyendo un cerebro inconsciente (95 %) que por sí solo trabaje de un modo calmo y positivo. Somos capaces de reconfigurar nuestra mente hacia donde queramos, yendo a momentos especiales, de luz y de calma, de nuestra vida desde la meditación y cambiar frecuencias cerebrales donde se conecta el inconsciente con el consciente. Esto nos permite construir una mente fuerte y resiliente, manejar el estrés y desarrollar la inteligencia emocional necesaria para vivir de un modo empático con el mundo que nos rodea. De esta forma, podemos transformar nuestras relaciones, nuestro ámbito de trabajo, el vínculo con nuestra pareja y el clima de nuestra familia. Cuando uno se armoniza, todo se armoniza alrededor.

Para poder disfrutar de nuestras vidas, es ideal tener un cerebro óptimo (descansado, hidratado, ejercitado, alimentado de forma saludable). En mi caso, dormir 7 horas diarias, dándole especial importancia a acostarme temprano, es una clave para amanecer más temprano sin despertador, descansada y con más energía. Mi secreto es dormirme haciendo respiraciones diafragmáticas y conectándome con los logros y cosas bonitas de ese día.

Amanecer agradeciendo y visualizando el día que quiero tener es como comienza cada uno de mis días. Luego intento hacer deporte regularmente o, al menos, 4 veces a la semana, sumar caminatas y llevar una dieta sana y rica en proteínas. Para mí, combinar estas prácticas de forma diaria han sido y son la gran fórmula de éxito en mi vida.

Al embarcarnos en el camino del autoconocimiento, aprendiendo a escuchar nuestro cuerpo y registrando nuestras emociones y sensaciones, identificamos qué nos beneficia y qué nos perjudica. Este proceso nos permite, día a día, construir rutinas y hábitos personalizados, enfocados en nuestro bienestar integral. Según

Aristóteles, «el conocimiento de uno mismo es el primer paso para toda sabiduría».

Otro gran hallazgo en mi vida ha sido primero conocer y luego comenzar a practicar las respiraciones diafragmáticas. Son mágicas a la hora de llevarnos a la calma en pocos segundos con solo ponerlas en práctica de un modo consciente. Sirven tanto para salir del modo estrés en situaciones más difíciles, como para conciliar el sueño de una forma natural y relajada. Tan solo con practicarlas de forma diaria, ayudan a regular nuestro ritmo cardíaco y nuestra respiración y nos llevan a vivir en un estado más cercano a la calma y empatía.

Cuando nos animamos a atravesar situaciones de más incomodidad, nuestro cerebro genera una neuroquímica que nos facilita poder superar ese miedo. Se trata de un proceso que comienza cuando nos damos cuenta de que algo nos asusta, por ejemplo, viajar en avión. Te aterra viajar en avión, pero te has dispuesto a animarte a hacerlo. Cuando ya estás volando, debes saber que ese miedo gigante que estás sintiendo está asociado a la ansiedad que te genera animarte a hacer algo desconocido y temido. Pero puedes, por ejemplo, utilizar las respiraciones diafragmáticas en ese momento junto con repetir un mantra que te dé calma. Eso te va a permitir transformar una situación crítica en un momento de oportunidad. Tu cerebro culminará liberando dopamina como recompensa de haber logrado afrontar el temor.

Todos tenemos traumas que procesar, momentos difíciles que entender y reprogramar para poder seguir sin ese peso e intentar no reproducir todos esos patrones del pasado en el presente. Si no logramos sacar esos traumas que quedaron en el inconsciente y son parte de nuestra memoria cerebral, iremos por la vida reaccionando ante situaciones similares y sin entender bien por qué todo de pronto nos activa el sistema simpático.

En suma, conocer y entrenar nuestro cerebro nos va a permitir lograr nuestra mejor versión. Entrenar nuestra mente facilitará que se abra la puerta para descubrir que existen posibilidades infinitas. Ya sabemos que los miedos serán parte del camino, pero entenderemos que atravesarlos será algo inevitable y que estos nos harán más fuertes y, como consecuencia, nuestro cerebro nos premiará con dopamina.

Mi nueva versión dentro del mundo corporativo. La importancia de tener un propósito

Fueron largos años los que me tocaron transitar dentro del mundo corporativo del derecho como abogada hasta poder, finalmente, animarme a dar un salto grande hacia otro lugar. Sin dudas, fue recién cuando conecté con mi gran necesidad de transformarme y estar bien que, por fin, logré sanar muchas cosas de mi vida con gran ayuda de la neurociencia y de la mano de la visualización y manifestación. Según la Dra. Tara Swart, neurocientífica, la manifestación es el proceso de transformar pensamientos, intenciones y deseos en realidades tangibles mediante la reprogramación del cerebro y la activación de redes neuronales específicas. No se trata de un concepto místico, sino de una práctica basada en la neurociencia que utiliza la visualización, la atención enfocada y la repetición para fortalecer nuevas conexiones neuronales y orientar nuestras acciones hacia el logro de objetivos.

Fue entonces, a partir de ahí, que por fin conecté con mi gran propósito de ayudar a otros de la misma manera y con el mismo entusiasmo y pasión que lo había hecho conmigo. Mi gran transformación ha sido mi mayor motor para poder ayudar a otros. La resiliencia es, sin dudas, la que me ha llevado a conseguir mi mejor versión.

Estudié a mis 20 años, enamorada y apasionada con lo que había elegido: las leyes y el derecho. Siempre estuve muy conectada con ideales de justicia y de hacer el bien, y era desde ese lugar que, en aquel entonces, yo estaba convencida de que esa era mi vocación. Dediqué más de quince años a la docencia en grandes universidades como profesora ayudante de filosofía jurídica de la mano de personas y profesionales muy talentosos, reconocidos, pero —sobre todo— muy humanos. Trabajé, crecí y me formé en estudios jurídicos de primera línea donde todo era excelencia y perfección. Fue un gran desafío para mí, más allá de la super exigencia en aquellos años y, aun siendo tan jovencita, haber podido, ya desde entonces, capitalizar esas experiencias que me enriquecían y sumaban de forma positiva a mi vida.

Fue buscando encontrar el justo equilibrio entre la que era y la nueva versión en la que me convertí, que finalmente logré integrar mis dos mundos. El conocimiento, las técnicas y herramientas más valiosas del mundo del *wellness* y la neurociencia me ayudaron a transformarme, con el *expertise* de mis años de trabajo en empresas y estudios jurídicos y ejerciendo en lo que fue mi primer gran amor del mundo académico: el derecho. Y es desde mi historia, de mi experiencia, formación y vivencias desde donde considero que puedo ayudar a otros a vivir más conectados con el disfrute, la felicidad y la calma que cada uno, por sí mismo, puede generar.

Poder darle al mundo corporativo —del cual vengo y formo parte desde hace tantos años— conocimientos y herramientas del mundo de la neurociencia, el bienestar y el alto rendimiento, es lo más valioso que hoy puedo aportar. Estudiando *Neuroscience for Business* en MIT (Massachusetts Institute of Technology, Estados Unidos), comprobé la gran necesidad que hay, tanto en las corporaciones a nivel general como en los líderes y sus equipos, de vivir y trabajar mucho más conectados con el disfrute, la abundancia y la oportunidad, más allá de las exigencias, la presión y las adversidades. Aprender a entrenar nuestras mentes para que sean fuertes y resilientes es la clave de este nuevo siglo.

Trabajar en el córtex prefrontal, y llevar nuestro cerebro al alto rendimiento, nos hará posible sacar lo mejor de nosotros. Y, tal vez, lo más importante es cómo lograr conseguir esto desde el disfrute o desde algo lo más cercano a ello.

Fue en medio de este camino y alineándome con mi gran deseo de transmitir todo lo que a mí me había hecho y hace tan bien que me convertí en consultora en neurociencia, bienestar y alto rendimiento del mundo corporativo. Desde la neurociencia aplicada a casos concretos, ayudo a profesionales del mundo corporativo y a sus equipos a construir mentes resilientes, a reducir el estrés y a alcanzar metas concretas hacia un bienestar integral. La primera premisa es que una mente calma y sana rinde más. Desde el cerebro podemos programar nuestros logros y éxitos. Promover e intentar llevar una vida plena y armoniosa nos va ayudar a ir desbloqueando nuestro verdadero potencial y contribuir con nuestro éxito profesional dentro de un marco de bienestar.

Encontrar un verdadero propósito en nuestra vida es la clave. Es el *leitmotiv* de cada día. Aristóteles, en su obra *Ética Nicomáquea*, consideraba que el propósito supremo de la vida es alcanzar la eudaimonía, entendida como una vida plena y realizada. Desde la neurociencia, se sabe que un propósito definido disminuye la actividad en áreas del cerebro asociadas con el miedo y la ansiedad (como la amígdala), mientras que fortalece las conexiones en el córtex prefrontal, mejorando la capacidad de tomar decisiones y regular emociones. Se activa el sistema de recompensa y áreas asociadas con la motivación. El propósito promueve la resiliencia y regula la respuesta al estrés. Además, fomenta la neuroplasticidad, es decir, la capacidad del cerebro para adaptarse a nuevas formas de pensar, actuar y crecer. Identificar un propósito y enfocarse en este permite al cerebro reforzar patrones neuronales positivos que nos guían hacia nuestras metas.

Nuestro propósito no solo está relacionado con el éxito profesional, sino también con la sensación de plenitud. Cuando nos alineamos con nuestro propósito, experimentamos mayor creatividad, resiliencia y satisfacción. Es decir, un propósito bien definido activa el sistema de recompensa en el cerebro, lo que genera dopamina, una sustancia química que nos da energía y motivación. Esto nos ayuda a mantenernos enfocados y a superar obstáculos. La escritura, la reflexión, la visualización, y la manifestación son las prácticas recomendadas para encontrar y perseguir nuestros propósitos.

La escritura diaria y la autorreflexión volcada en palabras sobre nuestras metas y valores nos será de gran ayuda para identificar lo que realmente nos importa e intentar ir hacia ello. La visualización como práctica de cada día supone conectarnos con nuestros propósitos, con nuestros cinco sentidos como si ya se hubiera logrado, utilizando técnicas basadas en la neurociencia para fortalecer las conexiones cerebrales hacia esa dirección deseada. Como el cerebro no distingue entre lo real e imaginario, visualizarnos en el éxito, alcanzando nuestras metas y propósitos, nos permitirá hacer foco en ellas e ir por ellas. Por último, la manifestación hace especial énfasis en el proceso activo de ir con nuestras acciones estratégicas hacia nuestros objetivos. Manteniendo nuestro enfoque alineado con nuestra intención y visualización. El propósito no es algo que encontramos, sino algo que decidimos y construimos activamente. Y, en muchas ocasiones, puede convertirse en un motor de transformación personal y profesional.

El propósito no es algo externo que se encuentra, sino un proceso interno de autodescubrimiento. A través de prácticas contemplativas como la meditación y la introspección es posible explorar nuestras verdaderas motivaciones.

El autoconocimiento nos va a facilitar distinguir entre un propósito impuesto socialmente y uno auténtico que resuena con nuestra esencia. La clave es aprender a escuchar lo que sentimos. Escuchar nuestra intuición. La neurociencia puede ayudar a entender cómo funciona la atención, la memoria y la toma de decisiones, herramientas fundamentales para alinear acciones con un propósito definido. Conocer nuestro cerebro nos dará la oportunidad de usarlo a nuestro favor.

Los invito a que iniciemos juntos un camino amoroso y compasivo de autodescubrimiento y reflexión desde la neurociencia aplicada y la meditación. De este modo, vamos a poder permitirnos descubrir y darnos cuenta cómo estamos viviendo, qué estamos pensando la mayor parte de nuestros días y cómo nos estamos sintiendo, para ir, desde ahí, en la búsqueda de herramientas para lograr nuestra mejor versión.

Poder percibir con claridad qué tipo de pensamientos y emociones nos acompañan a lo largo de nuestros días en nuestro diálogo interno es, sin dudas, el mejor punto de partida para encontrar la salida del laberinto mental que muchas veces nos atrapa.

CAPÍTULO 1

CÓMO ENTRENAR NUESTRA MENTE

1.1 | ¿Cómo funciona nuestro cerebro? La importancia de conocerlo y entrenarlo a diario

Nuestro cerebro es, sin lugar a dudas, nuestro órgano más valioso. Es el centro que gobierna cada aspecto de nuestra existencia. Desde nuestra respiración hasta la confianza que proyectamos, desde nuestras relaciones y emociones hasta nuestra personalidad, autoestima, creatividad y propósito. Todo está bajo su liderazgo. Comprender su funcionamiento no solo nos empodera, sino que también nos permite sincronizarnos con su potencial infinito, abriendo el camino hacia una vida más plena y equilibrada.

A su vez, el Dr. Joe Dispenza sostiene que nuestro cerebro no distingue entre lo real y lo imaginario. Él afirma que los pensamientos pueden generar cambios físicos y emocionales, incluso si no corresponden a experiencias reales, y que el cerebro reacciona a los pensamientos y a las imágenes mentales de manera similar a como lo haría frente a eventos reales. Es decir, que nuestras redes neuronales se activarán de igual manera si vivimos una experiencia real o si la visualizamos con nuestros cinco sentidos en detalle cada día.

Entonces, para nuestro cerebro es exactamente igual —a los efectos de generar cortisol— si imaginamos que algo terrible puede pasarnos (por ejemplo, que nos van a despedir del trabajo, que la plata no va a alcanzar para llegar a fin de mes, o que podemos enfermarnos gravemente) o que esto en realidad ocurra. Esto está científicamente comprobado con estudios de resonancia magnética funcional que muestran que las áreas cerebrales activadas durante una experiencia real también se activan cuando las imaginamos con detalle.

Según la Dra. Marian Rojas Estapé, el cortisol es la hormona del estrés que el cuerpo produce para ayudarnos a enfrentar situaciones de peligro. Sin embargo, cuando este se mantiene elevado de manera constante, se convierte en un factor dañino. El cortisol es liberado por las glándulas suprarrenales en momentos de mucha ansiedad y agobio para preparar al cuerpo para la acción. Es parte del sistema de lucha o huida que activa el organismo para defenderse o enfrentar un desafío. Cuando el estrés es constante, los niveles de cortisol permanecen elevados, y esto genera un impacto negativo en la salud física y mental. Como consecuencia puede traer alteraciones en el sistema inmunológico, ansiedad, depresión y agotamiento emocional, problemas digestivos y metabólicos, problemas de sueño e insomnio, dificultades para concentrarse y pérdida de memoria. Si bien el cortisol es una hormona vital para el cuerpo, con funciones clave en la regulación del estrés, el metabolismo, el sistema inmunológico y la presión arterial, mantener un equilibrio adecuado es crucial, ya que niveles demasiado altos pueden afectar negativamente la salud.

Es por ello que hay que cuidar qué estilo de vida llevamos y también cuidar qué tipo de pensamientos tenemos, ya que nos afectan, y mucho, en nuestra calidad de vida. Debemos conocer nuestro cerebro y aprender a entrenarlo de igual manera que entrenamos nuestro cuerpo en el gimnasio, para vivir y pensar de un modo óptimo que nos ayude a transitar nuestros días de una forma más plena, calma y feliz.

Esto también opera de modo inverso. Es decir, la neuroplasticidad de nuestro cerebro existe y puede darse a cualquier edad. Si trabajamos desde el córtex prefrontal del cerebro a través de la meditación, la visualización y la respiración consciente, somos capaces de lograr con pensamientos repetidos y visualizaciones positivas, transformarlo. De esta forma, fortalecemos conexiones neuronales, algo similar a lo que ocurre con experiencias reales. La clave está en generar el hábito de entrenar el cerebro al menos diez minutos cada día. Y, de este modo, obtendremos lo mejor de él.

Tanto los eventos reales como los imaginarios activan áreas similares del cerebro. Por ejemplo, cuando visualizamos un escenario con detalle meditando o desde el *mindfulness* o atención plena, las áreas responsables de procesar imágenes (como la corteza visual) se activan de manera comparable a cuando realmente vemos algo. Esto quiere decir que somos capaces de generar oxitocina con tan solo conectarnos en forma diaria desde nuestra mente con momentos lindos de nuestra vida.

Según la Dra. Marian Rojas Estapé, la oxitocina es conocida como la hormona del amor, la confianza y el vínculo emocional, ya que juega un papel fundamental en las relaciones humanas, la conexión emocional y el bienestar. Esta hormona es clave para fortalecer los lazos afectivos y mejorar la calidad de las interacciones sociales, al tiempo que reduce el estrés y fomenta emociones positivas. Ella afirma que la oxitocina actúa como un antídoto natural contra el cortisol, la hormona del estrés. Al liberar oxitocina, se reduce la ansiedad y mejora la calma. Esta hormona contribuye al equilibrio emocional, fomentando sensaciones de tranquilidad, satisfacción y alegría en nuestras interacciones con los demás.

Es decir, si logramos llevar nuestra mente, desde la meditación, la visualización y/o el *mindfulness*, a conectarse con determinados momentos de nuestra vida en donde fuimos muy felices, logramos revivirlos y sentir cada detalle a través de nuestros sentidos, seremos capaces de sentirlos nuevamente como reales. Es así cómo podemos replicar la gran alegría que esos momentos nos brindaron.

Esta práctica transformada en un hábito diario nos garantiza que, más allá de los vaivenes y momentos difíciles que tenga la vida, tendremos nuestra dosis de oxitocina diaria garantizada. Y, además, nos asegura la gran posibilidad de transformar nuestro camino neuronal.

También es importante saber que nuestro cerebro está muy condicionado por el modo supervivencia. Es decir, que le gusta funcionar siempre de la misma manera, y ante lo novedoso o desconocido, automáticamente entra en modo supervivencia activando el sistema simpático de lucha, huida o congelamiento. Es, desde este estado de alarma, a partir de donde solemos tomar las peores decisiones, ya que estamos bajo el efecto del exceso de cortisol que estamos segregando. Es un gran desafío conocer nuestra mente y buscar hackearla —en el buen sentido de la palabra— para lograr hacer el *reset* en nuestra forma de pensar. De esta forma, podemos comenzar a cambiar nuestra conducta frente a situaciones que siempre activaron nuestro sistema nervioso simpático para, un buen día, lograr que ya no se activen más.

A su vez, como ya dijimos, el cerebro funciona en un 95 % de forma inconsciente, y solo en un 5 % de manera consciente. Es dentro del 5 % consciente de nuestro cerebro donde podemos trabajar para reprogramarlo desde la corteza prefrontal, a través de la meditación, el *mindfulness*, ejercicios de neurociencia aplicada y la respiración consciente. De esta manera, podemos entrenar al cerebro para que esté enfocado, concentrado y sea más eficiente. Ejercitar nuestro cerebro desde la corteza prefrontal, de la misma manera que entrenamos nuestro cuerpo para estar en forma y sentirnos saludables, es una condición indispensable para conseguir una mente más calma, tranquila y feliz.

Nuestro cerebro inconsciente —ese famoso 95 %— representa los hábitos, patrones de pensamiento, creencias y emociones profundamente enraizadas que guían, de manera silenciosa, nuestras decisiones y comportamientos cotidianos. Desde que somos niños, el cerebro crea redes neuronales basadas en experiencias repetidas. Y suele retener los momentos más difíciles de nuestra vida para asegurarse de que no se vuelvan a repetir. El autor Daniel Goleman en su libro *Inteligencia emocional* explica cómo la amígdala (parte del cerebro emocional) registra experiencias de alto impacto emocional, especialmente negativas, para reaccionar rápidamente si se presentan situaciones similares. Este fenómeno se llama «secuestro de la amígdala» y está relacionado con la supervivencia. Él enfatiza que este registro emocional es un mecanismo evolutivo diseñado para protegernos, aunque puede generar respuestas desmedidas en muchas situaciones. De ahí la importancia de saber cómo funciona nuestro cerebro y aprender a gestionarlo a nuestro favor.

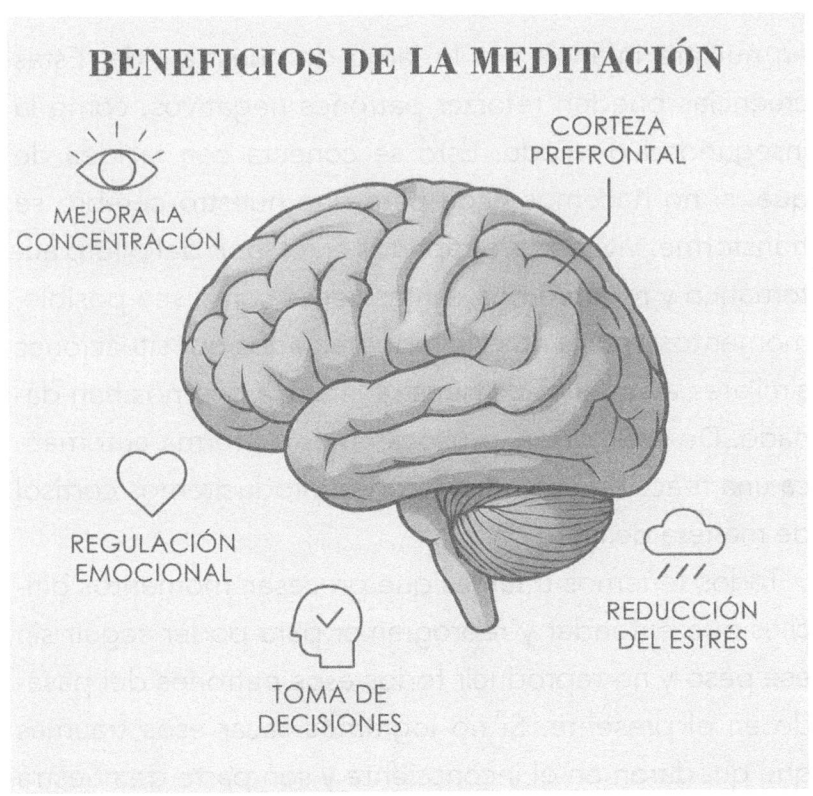

BENEFICIOS DE LA MEDITACIÓN

MEJORA LA CONCENTRACIÓN

CORTEZA PREFRONTAL

REGULACIÓN EMOCIONAL

REDUCCIÓN DEL ESTRÉS

TOMA DE DECISIONES

En este orden de ideas, sabemos que las redes neu-ronales permiten automatizar comportamientos y pensa-mientos, liberando energía para otras actividades. Estas conexiones neuronales dirigen gran parte de nuestras actividades diarias. Los ganglios basales son la parte del cerebro, clave en la formación de hábitos, que permite que las tareas repetitivas se conviertan en automáticas.

Muchas de las creencias sobre nosotros mismos y el mundo se graban en el subconsciente a través de expe-riencias y condicionamiento social de situaciones vividas en nuestra infancia y a lo largo de nuestra vida. Estas creencias pueden reforzar patrones negativos, como la inseguridad o miedo. Esto se conecta con la idea de que, si no hacemos nada para que nuestro cerebro se transforme, viviremos atrapados en el *loop* del piloto automático y repetiremos, tantas veces como sea posible, momentos donde nos veamos afectados por situaciones similares a aquellas de nuestra infancia que nos han dañado. De esta forma, provocaremos de forma automática una reacción en cadena donde produciremos cortisol de manera desmedida.

Todos tenemos traumas que procesar, momentos difíciles que entender y reprogramar para poder seguir sin ese peso y no reproducir todos esos patrones del pasado en el presente. Si no logramos sacar esos traumas que quedaron en el inconsciente y son parte de nuestra memoria cerebral, iremos entonces por la vida reaccionando ante situaciones similares y sin entender bien por qué cualquier situación de pronto nos activa el sistema simpático en modo alerta.

Comprender este mecanismo nos permite vislumbrar que aquello que parece estar encerrado en nosotros tiene el potencial de transformarse. Es posible vivir nuestro presente de una manera más ligera, dejando atrás el peso de lo que nos condiciona. Herramientas como la terapia, el *mindfulness* y la meditación son poderosos aliados en este proceso.

En mi caso, a través de mis propias vivencias, he aprendido a suavizar patrones profundamente arraigados, a calmar mi alma y mi inconsciente, aliviando esa incomodidad interna.

La combinación de la neurociencia aplicada y la meditación han sido fundamentales para mí en este cambio personal. Conocer mi cerebro me ha permitido comprenderlo y, desde ahí, buscar formas de transformarlo para no quedar atrapada en pensamientos inconscientes que limitaban mi vida.

No es un camino sencillo, pero puedo decir con certeza que es posible. La clave está en el compromiso con uno mismo y en la práctica constante para crear un presente más pleno y consciente.

Comenzar a entender este mecanismo nos va a dar la pauta de que hay algo en nuestro cerebro inconsciente grabado que se puede transformar para vivir de otra manera nuestra vida, día a día. En mi caso personal, yo buscaba ir un poco más allá. Sabía en lo más profundo de mi ser que yo podía estudiar y descifrar cómo hacerme bien. Y haber encontrado un camino posible hacia mi bienestar fue tal vez la caricia, la palabra, el abrazo y el amor más fuerte que me di a mí misma en 44 años. Por fin, comencé a darme cuenta de que algo en mí comenzaba a calmarse y a cambiar. Fui y soy yo la protagonista de mi propia transformación.

Hay mucho por trabajar, la vida es larga y el camino tiene curvas inesperadas y senderos desconocidos. Sin embargo, descubrir una manera de transitarlo de forma sana, amorosa y consciente ha sido el hallazgo más transformador en mi vida. Este aprendizaje no solo me ha permitido caminar más firme, pero sin tanta prisa, sino también encontrar significado en cada paso, incluso en los más desafiantes. Mi mayor misión ahora es compartir esta experiencia con ustedes, para que juntos podamos construir un camino de mayor plenitud, conexión y bienestar. Fueron años de búsqueda y tiempo en formaciones hasta que finalmente pude encontrar la que estaba buscando. Siempre me interesó comprender mi mente y lograr ponerles palabras a cosas que, sin mucha explicación, miles de veces me dejaban en el *loop* de la preocupación.

Pasaba gran parte de mi día exigida, ansiosa y con un apuro interno que no podía entender bien de dónde venía. Yo anhelaba siempre encontrar alguien que me pudiese entender y ayudar. Fue luego de una situación puntual de máximo estrés en mi vida cuando apenas mi hija tenía un año, cuando busqué ayuda de una profesional que, de algún modo, pudiese ayudarme y contenerme; y, en vez de encontrar su ayuda, su amabilidad y empatía, me encontré con una profesional que solo me hizo daño. Me llevo por lugares muy oscuros que yo ni siquiera conocía, de los cuales me costó mucho salir. Hoy estoy agradecida de haber salido fortalecida de aquella situación, pero sin dudas fue de las más duras de mi vida.

Las historias nos determinan y nosotros decidimos qué hacer con ellas. Fue mi decisión ir por más. Desde la resiliencia, decidí nutrirme, formarme, estudiar, volver a elegir con quién y cómo quería vincularme y, lo más importante, decidí comenzar a desarrollar un vínculo más compasivo conmigo misma. En ese momento, me dio la mano una persona a la que le tengo mucho cariño hasta el día de hoy. Fue como una luz en medio de la oscuridad. Fue una persona especial en mi vida. Lo más importante fue que ella me conocía bien y confió una vez más en mí. En un momento duro donde ni yo confiaba en mí misma, ella lo hizo con todo su amor; y, de algún modo, me ayudó a volver a mi eje y a lograr buscar mi nueva mejor versión. Hoy también aprendí a vivenciar el dolor de otra forma. A sentir el dolor hasta lo más profundo de mi ser, pero encontrar la forma de resignificarlo. O, al menos, siempre intentarlo.

Muchas veces queremos escaparnos de lo que sentimos o negar lo que sucede a nuestro alrededor, como mecanismo de defensa para nuestra psiquis. Sin embargo, he aprendido con los años y la experiencia, que el camino para transformar el dolor en amor es más bien inverso. Poder conectarnos con nuestras emociones y aceptar lo que nos está sucediendo es la primera parte del proceso de sanación. Resistirnos es más bien el camino que nos lleva a situaciones de estrés crónico, ansiedad y depresión.

El dolor duele, no hay otra forma de verlo, pero sin dudas, como seres humanos tenemos la gran capacidad de poder crear valor de cualquier situación que se nos presente. Suelo recomendar mucho en mis sesiones grupales e individuales que las personas tengan un cuaderno personal donde poder escribir lo que sienten a diario. Sería como un diario íntimo de nuestra vida adulta que va organizando nuestras ideas, pensamientos y sentimientos. El poder de la escritura es maravilloso, ya que nos permite poner en palabras lo que nos atraviesa; y desde el comprender es desde donde podemos actuar para transformar.

Hace unos años, en mi camino de búsqueda personal ante la pérdida de un ser querido y un momento de tristeza profunda, me adentré en una corriente de pensamiento de la filosofía budista buscando algún tipo de respuesta para mi dolor. Solían repetirme que jamás escucharon de un invierno que no se convierta en primavera; y es desde ese lugar de frío de donde salen las flores más hermosas.

Me costó muchos años poder entender a qué se refería esta frase milenaria. Y, sin dudas, volver a pasar, una y otra vez, por situaciones difíciles fue lo que me permitió entender cuál era el camino que yo iba a elegir para transitar mi vida más allá de todas las vicisitudes que se presentarán en el camino. Con esto, les quiero compartir que fue mi costado espiritual, y mi constante búsqueda de bienestar, los que me permitieron encontrar herramientas invaluables que me abrieron el camino a la posibilidad de comenzar a cambiar el dolor en amor. Y, de este modo, comenzar a cambiar mi vida para siempre.

La autoobservación desde la introspección; el poner en palabras lo que uno va sintiendo; cultivar nuestro amor propio con mucha paciencia y cariño; practicar deporte en forma rutinaria; el agradecimiento diario y la meditación como pieza fundamental de la vida son la clave para poder crear valor de toda situación.

El cambio comienza siempre hacia adentro. Es de uno mismo. Somos nosotros los únicos capaces de transformar nuestra realidad a través de nuestro cambio de percepción. No es la inteligencia sino la voluntad la que nos permite siempre buscar nuestra mejor versión. Enfrentar el dolor es parte del camino hacia el estar mejor. Salir de una situación difícil te vuelve sin dudas más fuerte. Y es dando a otros como muchas veces reparamos nuestras heridas.

Soy una convencida de que este siglo pide a gritos cada vez más amor. Para ello, veo fundamental que cada uno de nosotros nos volvamos seres cada vez más espirituales. Es decir, que podamos conectarnos con nuestra verdadera esencia y dejemos descansar nuestra mente. Dejar de sobrepensar para dar lugar a lo real. Animarnos a soltar el dolor como forma de vida para dar lugar al amor. Conocer mi cerebro me ha permitido entenderlo y buscar la forma de transformarlo para no padecer mis pensamientos inconscientes de por vida y poder, cada día, conectarme cada vez más con el amor y la abundancia. No es tarea fácil, pero sí posible.

Dicho esto, quiero volver a hacer énfasis en nuestros pensamientos. Según el Dr. Dispenza, el cerebro inconsciente reproduce el mismo tipo de pensamientos cada día. Él afirma que un 70-90 % de ellos son repetitivos y similares al día anterior. Estos pensamientos generan emociones que, a su vez, refuerzan los pensamientos. Este ciclo crea patrones automáticos difíciles de romper. El cerebro inconsciente procesa información más rápido que el consciente, toma decisiones basadas en experiencias pasadas y sesgos sin que seamos conscientes de ello. Así vamos entrando, la mayoría de las veces, en el *loop* de la queja o de los pensamientos negativos o intrusivos que nos invaden y atrapan y nos llenan de cortisol día a día. Muchas de nuestras elecciones diarias son impulsadas por este procesamiento subconsciente, sin reflexión consciente. Y esta es la razón principal por la que debemos entrenar nuestro cerebro y ayudarlo a funcionar de la forma adecuada para vivir más felices.

Durante los primeros años de vida, predominan las ondas cerebrales *theta*, que son las que facilitan la programación subconsciente. En esta etapa, absorbemos creencias y patrones que luego se automatizan. Entonces para reprogramar el subconsciente, es necesario acceder a estados de ondas cerebrales lentas (*alfa* y *theta*) mediante técnicas como la meditación, trabajando desde el córtex prefrontal de nuestro cerebro. Joe Dispenza concluye que el 95 % de lo que somos al cumplir los 35 años es un conjunto de programas automáticos. Si no nos volvemos conscientes de ellos, viviremos en piloto automático, repitiendo el pasado. A través de la meditación, la visualización y la repetición consciente, podemos reprogramar estos patrones automáticos, liberándonos de creencias limitantes y construyendo una nueva realidad alineada con nuestros deseos y objetivos.

Por último, el cerebro opera en piloto automático cuando depende de hábitos y patrones previamente establecidos. El cerebro en piloto automático nos mantiene en la zona de confort, evitando riesgos percibidos y priorizando la familiaridad. Es decir que repite una y otra vez frente a situaciones que le remiten a algo similar, la misma respuesta. Podemos comenzar a prestar atención y nos daremos cuenta cada una de las veces que estamos en modo piloto automático. Por ejemplo, cuando realizamos tareas sin recordar conscientemente haberlas hecho, como conducir a casa sin prestar atención, o ir hacia un lugar habitual caminando varias cuadras habiendo tomado el mismo camino de siempre sin hacerlo de un modo consciente, sentir que el día pasa muy rápido sin haber tomado decisiones activas. Es decir, repetir patrones de comportamiento que no benefician nuestras metas a largo plazo.

De este modo, nuevamente, llegamos al mismo lugar. Para recuperar el control consciente y dirigir el cerebro hacia un estado más proactivo, debemos entrenar nuestra mente hacia la atención plena, la concentración y poder hacer foco en el presente potenciando nuestra creatividad y productividad. Practicar la atención plena desde el *mindfulness* ayuda a observar los patrones automáticos y reemplazarlos con elecciones más conscientes. Somos capaces de reprogramar nuestra mente con nueva información. La nueva información que le demos a nuestra mente de forma diaria, al meditar cada día, será la base de nuestra nueva forma de pensar. Esta se irá construyendo en la medida en que trabajemos en conjunto desde la meditación, la autoconciencia, la respiración y los ejercicios de neurociencia aplicada (para conocer cómo funciona nuestro cerebro). Por ejemplo, me contacta una amiga de toda la vida que de pequeña me hacía *bullying* e indefectiblemente, y de forma inconsciente cuando me llama, a mí se me activa algo en mi piloto automático y me empieza a dar mucho estrés, comienzo a sobrepensar y a tener pensamientos intrusivos. Si en ese momento, en vez de quedar atrapada en la mente y en la ansiedad que me generó su contacto y que me activó el modo supervivencia, yo comienzo a ser capaz de darme cuenta de que esa situación puntual me está generando mucho estrés por algo del pasado y que no es real, puedo de a poco comenzar a salir de ese piloto automático.

Es decir, si logramos de algún modo hacer visible y consciente que no es más que una situación del pasado la que nos irrumpe y de pronto nos activa algo interno de mucho dolor llevándonos a un lugar de angustia y ansiedad, seremos capaces de comenzar a descubrir el comienzo del camino para no quedarnos nuevamente detenidos en ese tipo de situaciones. El poder reside en comenzar a «darnos cuenta» de que este tipo de situaciones ocurren sin nuestra voluntad, pero que entrenando nuestra mente seremos capaces de comenzar a tomar conciencia de ella para lograr elegir ir hacia otro lugar. Se trata de poder elegir otro pensamiento que, a su vez, estará asociado con otra emoción.

Ahora bien, para llegar a tal grado de autoconciencia y poder poner en práctica este tipo de cosas, tenemos antes que haber entrenado nuestra mente desde el *mindfulness* o desde la meditación en forma continua e ininterrumpida y haber comenzado a cambiar nuestro camino neuronal. De este modo, cuando nos sucedan este tipo de situaciones, vamos a tener la capacidad de darnos cuenta y saber de qué manera poder frenarlas y salir de esa experiencia que en otro momento nos hubiese dejado horas atrapados. Es poder ver una opción diferente a la habitual para no entrar en las mismas situaciones de estrés de siempre.

Una buena forma de hacerlo es creando desde la autoconciencia nuevos hábitos e intentar reemplazar hábitos negativos por positivos a través de la repetición consciente. Por ejemplo, a través de un mantra. Nos creamos un mantra inverso al pensamiento negativo que se nos viene a la mente. De este modo, vamos logrando reprogramar paso a paso nuestro cerebro. Otra maravillosa forma es la visualización, a través de nuestros cinco sentidos, de nuestras metas específicas y resultados deseados. Esto activa nuestro córtex prefrontal y debilita patrones automáticos no deseados. Por último, podemos comenzar a cuestionarnos las creencias arraigadas que nos limitan y, de este modo, ayudar a superar barreras mentales que perpetúan el piloto automático.

Salir del piloto automático nos posibilitará tomar el control consciente de nuestra vida y esto le dará poder a nuestro cerebro para crear nuestra propia realidad. De esta forma, haremos mejor foco en nuestros objetivos. Al trabajar en nuestra atención plena, tomamos mejores decisiones y vamos fomentando nuestro crecimiento personal y el de los que nos rodean. A su vez, nos permite explorar nuevas oportunidades, desarrollar mayor creatividad y experimentar una vida más plena. Según Daniel Goleman, autor conocido principalmente por su contribución al concepto de inteligencia emocional, salir de este estado requiere entrenar la atención plena, que implica ser consciente de lo que está ocurriendo en el momento presente, sin juzgarlo. Y según él, esto podemos lograrlo desarrollando la capacidad de observar nuestros pensamientos, emociones y acciones, y elegir nuestras respuestas en lugar de reaccionar automáticamente.

En síntesis, conocer nuestro cerebro y entrenarlo para lograr salir del piloto automático y reprogramarlo, implica ser dueños de nuestra atención, lo que nos permite vivir con mayor propósito, gestionar mejor nuestras emociones y construir relaciones más significativas. La práctica de *mindfulness*, la meditación, el deporte y la respiración consciente son las herramientas científicamente validadas más poderosas para lograrlo.

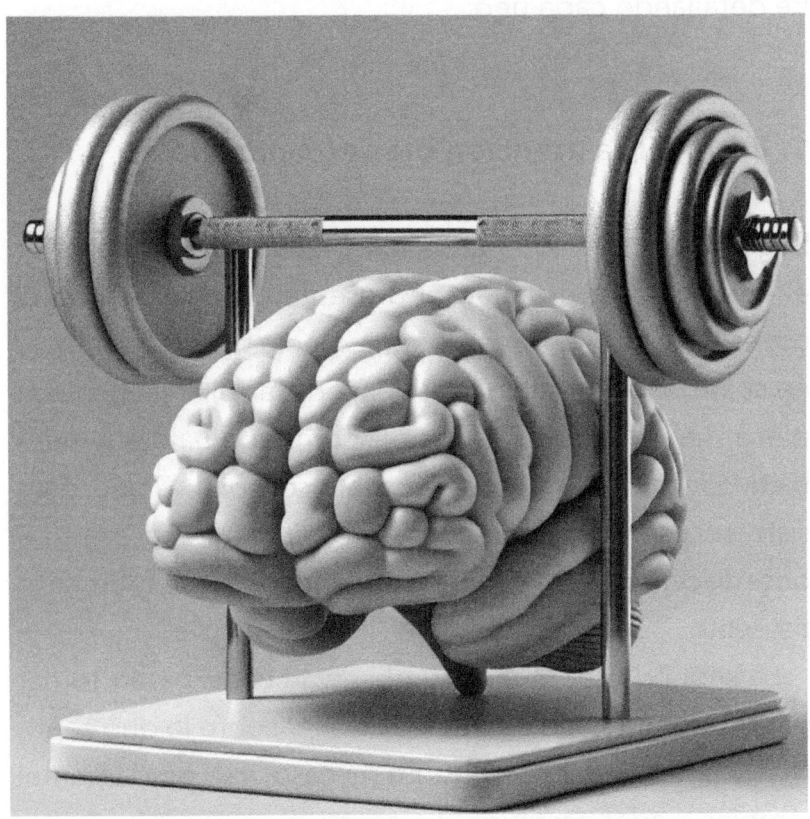

1.2 | *Tips* para reprogramar nuestro cerebro, cambiar nuestras vidas, ser un mejor líder y lograr nuestra mejor versión

Desde la neurociencia aplicada, se han identificado una serie de estrategias y *tips* basados en evidencia científica para reprogramar nuestro cerebro, mejorar nuestra vida y convertirnos en líderes más efectivos. A continuación, iré detallando cada uno:

1. Entrenar la atención plena (*mindfulness*)

Según David Rock, la atención plena ayuda a entrenar el cerebro para estar en el presente, lo cual reduce el estrés y mejora la toma de decisiones. Goleman propone cuatro prácticas concretas para desarrollar la atención plena. La primera es *la meditación mindfulness* —también conocida como de escaneo corporal— que consiste en practicar ejercicios de respiración consciente y observación del cuerpo para traer la mente al momento presente.

La segunda, *detenerse y observar*, consiste en tomar pausas durante el día para reflexionar sobre lo que sentimos y por qué lo hacemos. En mi caso, veo fundamental también poder escribirlo. La escritura es una herramienta super poderosa para generar autoconciencia, creatividad y bienestar. Suelo recomendar utilizar diarios de escritura. Marco Aurelio, el emperador romano, usó un diario personal como una herramienta para reflexionar sobre la filosofía estoica y sus desafíos como líder. Sus escritos no estaban destinados a la publicación, sino a un diálogo interno para guiar su vida. Según David Rock, también se pueden observar pensamientos y emociones sin juzgarlos desde la meditación.

Luego, como tercera, habla del poder *estar atento a las pequeñas cosas*. Es decir, conectarnos con el poder observar y notar detalles del entorno o actividades cotidianas, como comer o caminar, de manera consciente. En lo personal, recomiendo mucho salir a caminar meditando (mis famosas *walking meditations*) para lograr, al mismo tiempo que llevamos nuestra mente a lugares bonitos y generamos oxitocina, segregar endorfinas por el ejercicio físico de las caminatas. Es en ese estado de placer y felicidad cuando verdaderamente entramos en un *flow* que nos permite observar las pequeñas cosas de la naturaleza que nos rodea: desde una superluna llena de día en el horizonte, una ardilla subiendo o bajando de un árbol, un colibrí comiendo el polen de una flor o el nido de un pájaro con sus bebés. Pequeñas grandes maravillas de la vida que podemos contemplar cuando realmente estamos en el lugar indicado en el modo indicado. Es decir, conectados con nuestros cinco sentidos en atención plena y con conciencia.

Y, por cuarta y última, *la gestión emocional consciente* que se refiere al poder reconocer emociones sin reprimirlas ni dejar que nos dominen, como mencioné en el apartado anterior. O sea, transformar el dolor en amor desde la resignificación de lo que nos hace sentir mucho sufrimiento.

2. Visualización y neuroplasticidad

Joe Dispenza enfatiza que visualizar un futuro deseado y mantener emociones positivas asociadas a este, activa la neuroplasticidad y permite cambiar patrones cerebrales. La visualización es una herramienta poderosa para reprogramar el cerebro, ya que el cerebro no distingue completamente entre lo que imaginamos con intensidad emocional y lo que experimentamos en la realidad.

Por supuesto que esto debe ejercitarse de forma diaria y con continuidad para obtener resultados. Se trata de dedicar unos minutos cada día a imaginar con detalle nuestros objetivos con esas visualizaciones, desde la alegría y la gratitud, como si ya las hubiésemos logrado y, de este modo, reforzar nuevas conexiones neuronales. Es decir que, si somos capaces de destinar 15 minutos diarios a cerrar los ojos y visualizarnos desde la meditación logrando con éxito grandes cosas que anhelamos para nuestra vida, desde el amor y la apreciación, nuestro cerebro creerá que eso es real y generará oxitocina e irá en busca de esas cosas. De esta forma, se irá logrando, con la repetición diaria de este nuevo hábito, cambiar el recorrido neuronal hacia pensamientos más positivos.

Hay una fórmula de éxito posible que a mí me gusta mucho utilizar para llegar a mi *flow* o mejor versión antes de un momento importante en mi trabajo o en mi vida que les quiero compartir y que utilizo en conjunto con la visualización.

Ejercicio de visualización

Cuando tengo un desafío grande de trabajo que cumplir, o tengo una presentación que dar en público, o tan solo quiero lograr mi mejor versión para una ocasión donde me debo lucir, me preparo antes mentalmente del mismo modo que lo hace un atleta de élite cuando compite en el alto rendimiento. Entonces, mis rutinas comienzan cada mañana meditando y conectándome con momentos de mi vida donde fui muy feliz, para generar que mi cerebro logre llegar desde ese pensamiento a una emoción muy placentera que me transporte a sentir mucha satisfacción. Como el cerebro no sabe que ese pensamiento no es real, lo revive y es desde ese *momentum* de oxitocina que manifiesto lo que deseo visualizándome en la situación de éxito que quisiera lograr en mi vida. Esta situación nueva para mi cerebro deja de serlo desde el momento que comienzo a pasar por esa visualización una y mil veces con los cinco sentidos, y esto hace que mi cerebro ya se vaya familiarizando con la situación para cuando esta se concrete. De esta manera, mi cerebro llega a su máxima *performance* cuando final y efectivamente concreto la tarea que vengo visualizando con constancia cada día. Es un trabajo que requiere constancia y amor, pero que es posible lograr. Por supuesto que cada uno deberá llevar su mente hacia los pensamientos que le generen la emoción más adecuada para llegar a su máxima *performance*. Es un arte descubrir cuál es, pero una vez que detectamos cuál es esta emoción, el camino es más simple y nuestro máximo rendimiento está más cerca de nosotros.

Respecto a la *neuroplasticidad*, es la capacidad del cerebro para reorganizarse, formando nuevas conexiones neuronales en respuesta a pensamientos, experiencias y aprendizajes. Dispenza sostiene que, al romper patrones habituales de pensamiento, podemos reconfigurar nuestro cerebro. Cuando pensamos de manera diferente o adoptamos nuevos hábitos, reforzamos nuevas conexiones neuronales y debilitamos las antiguas. Nuestro cerebro es moldeable y se puede reprogramar conscientemente a través de repetición, meditación y atención plena.

Ejercicio de neuroplasticidad

Algo muy útil que podemos hacer es cada vez que nos sentimos muy agobiados o muy estresados sin saber bien de qué se trata, propongo que nos enfoquemos en la respiración. Decirnos a nosotros mismos: «Esto es ansiedad y ya va a pasar». Y dar lugar por 5 minutos a inhalar y exhalar de forma profunda. Inhalar en 4 tiempos y exhalar en 6 tiempos llevando la mente hacia un lugar de calma donde sintamos que podemos relajarnos. E ir haciendo esto mismo cada vez que nos sintamos superestresados. Esto crea un ensayo mental que, con el tiempo, se traduce en una respuesta real más positiva.

3. Reestructurar creencias limitantes

Carol Dweck, profesora de psicología en la Universidad de Stanford, destaca que cambiar de un *mindset* fijo a un *mindset* de crecimiento puede transformar cómo abordamos desafíos. Lo que ella señala consiste en identificar creencias negativas o limitantes sobre nosotros mismos o sobre nuestras habilidades para luego sustituirlas por afirmaciones positivas, como «puedo aprender y mejorar constantemente».

Ejercitar el *mindset*

Se puede trabajar desde la escritura. El poder de la escritura es maravilloso, ya que nos permite poner en palabras lo que nos atraviesa; y desde el comprender es desde donde podemos actuar para transformar. Aquí sería interesante poder comenzar a hacer un listado de las creencias negativas o limitantes que tenemos sobre nosotros sin juzgarnos. De este modo, luego podemos comenzar a trabajar desde la meditación y afirmaciones positivas para poder transformarlas. Nosotros no somos otra cosa que lo que nos decimos a diario. Nuestro cerebro cree lo que le decimos más allá de que no sea real. Y muchas veces nuestras limitaciones son mentales y no reales.

4. Crear hábitos saludables

Charles Duhigg, periodista y autor estadounidense, conocido principalmente por escribir sobre hábitos, productividad y el impacto del comportamiento humano en el éxito personal y organizacional, resalta que los hábitos son fundamentales para reprogramar el cerebro, ya que el cambio a menudo ocurre a través de la repetición. Según él, establecer rutinas diarias que incluyan ejercicio, alimentación equilibrada y sueño de calidad pueden hacer la diferencia en nuestras vidas. Hace hincapié en enfocarse en pequeños cambios consistentes en lugar de transformaciones drásticas. De esta manera, fue que en lo personal mi vida cambió. Como ya les adelanté, incorporé el agradecimiento, las meditaciones de apreciación y la manifestación desde la visualización como mi base para comenzar el día. Luego, dedico varios días de mi semana a ir al gimnasio, a ir a caminar y meditar mientras camino en la naturaleza. Los beneficios de las rutinas son múltiples. En primer lugar, una rutina simplifica y te ordena, es decir, te permite dejar de sobrepensar cada día cómo comenzar tu día. La repetición y la previsibilidad ayudan al cerebro a recuperar su ritmo circadiano y reducir la carga cognitiva al no tener que decidir constantemente qué hacer. Luego, es super importante definir horarios regulares para dormir, comer, trabajar y hacer ejercicio. Esto regula la producción de cortisol y melatonina, esenciales para el rendimiento. Y cuando de rendimiento se trata, es muy importante cuidar tanto el descanso como la alimentación e hidratación. La neurocientífica Tara Swart sostiene que el cerebro necesita descanso para consolidar recuerdos, procesar información y adaptarse a nuevos aprendizajes y rutinas. Durante el descanso, especialmente durante el sueño, se forman nuevas conexiones neuronales. El sueño profundo y de calidad es indispensable para la regeneración cerebral. Durante el sueño, el sistema glinfático del cerebro elimina toxinas acumuladas, como las proteínas beta-amiloides, relacionadas con el alzhéimer. Priorizar, al menos, 7-8 horas de sueño cada noche y establecer una rutina de sueño regular serán de gran utilidad para regresar a las exigencias nuevamente. También recomiendo durante las jornadas laborales, en la medida de lo posible, detenernos y tomar pausas de 5 a 10 minutos para realizar actividades relajantes como caminar, practicar respiración profunda o simplemente desconectarse de las pantallas. Por lo menos cuatros veces al día.

Con respecto a la alimentación, recomiendo siempre una alimentación de estilo mediterránea y una buena hidratación. Lo que consumimos afecta directamente nuestra capacidad de concentración, memoria, regulación emocional y toma de decisiones. Nuestro cerebro, aunque representa solo el 2 % del peso corporal, consume aproximadamente el 20 % de nuestra energía total. Para funcionar de manera óptima, necesita un suministro constante de glucosa de calidad. Consumir alimentos ricos en ácidos grasos omega-3 es ideal para mejorar la comunicación entre las neuronas y proteger contra el envejecimiento cerebral. Además, sumar frutas y verduras de estación es muy bueno para fortalecer nuestro organismo. Respecto a la hidratación, es importante saber que nuestro cerebro está compuesto por un 75 % de agua. Incluso una leve deshidratación puede afectar negativamente la memoria, la atención y la capacidad de tomar decisiones. Por ello, recomiendo beber agua regularmente a lo largo del día, apuntando a 2 o 3 litros diarios según las necesidades individuales. Y, además, evitar el exceso de cafeína, que también nos puede deshidratar.

5. Practicar la gratitud

Andrew Huberman, neurocientífico de Stanford, explica que practicar la gratitud de manera consciente puede reconfigurar las vías neuronales, fomentando patrones más resilientes y optimistas. La gratitud genera un efecto similar al de la meditación al reducir la actividad en la amígdala, responsable de la respuesta al estrés, y aumentar la conectividad en la corteza prefrontal, mejorando el autocontrol y la regulación emocional. También estimula la producción de oxitocina, fortaleciendo las relaciones sociales y el sentido de pertenencia. Por su parte, Robert Emmons, uno de los principales investigadores de la gratitud, argumenta que esta práctica puede transformar nuestro cerebro y nuestra vida. Según sus estudios, la gratitud mejora la felicidad, reduce el estrés y fomenta una mentalidad positiva. La gratitud activa el sistema de recompensa del cerebro, específicamente el núcleo accumbens y la corteza prefrontal medial, regiones asociadas con el placer y la motivación. A su vez, incrementa la liberación de dopamina y serotonina, neurotransmisores clave para el bienestar emocional.

Para Tara Swart, neurocientífica y profesora de MIT, la gratitud contribuye al reentrenamiento del cerebro para enfocarse en lo positivo, lo que genera un ciclo de refuerzo positivo para la salud mental. A su vez, fortalece la plasticidad cerebral al fomentar nuevas conexiones neuronales en áreas responsables de la positividad y la empatía y disminuye los niveles de cortisol, la hormona del estrés, lo que mejora la salud física y mental.

En lo personal, haber adquirido el gran hábito de agradecer diariamente las cosas buenas que me suceden en mi vida me brinda satisfacción y bienestar. Al apreciar lo que tenemos, cultivamos un pensamiento optimista y una visión más armoniosa de la vida. Sugiero llevar un registro periódico de agradecimientos y conectar con ellos a través de la meditación. También se pueden direccionar nuestros pensamientos de modo tal que se enlacen con tal intención. Al convertir esto en una rutina, construimos una mente más positiva. Suelo hacer meditaciones de apreciación y agradecimiento por las mañanas cuando me levanto para comenzar mi día conectada con lo bonito. Por las noches, mi rutina de éxito de descanso incluye cerrar los ojos y hacer respiraciones diafragmáticas mientras agradezco las cosas maravillosas del día que tuve. Más allá de no haber tenido el mejor día, suelo, de todos modos, ir con mi mente a revivir los momentos más lindos del día y de mi vida y agradecerlos. Es de esta manera como mi mente logra la calma, me relajo y me duermo feliz.

Ejercicios varios

- *Llevar un diario de gratitud*: Escribir cada día 3 cosas por las que estemos agradecidos. Pueden ser eventos grandes o pequeños, como disfrutar de un café por la mañana, tener la suerte de tener una familia maravillosa, una conversación agradable o buena salud. Muchas veces, son cosas que damos por sentado y que es muy bueno comenzar a apreciarlas y valorarlas con continuidad. Este ejercicio activa la corteza prefrontal media, vinculada con la reflexión y la emoción positiva, y fortalece las conexiones neuronales relacionadas con el bienestar.
- *Crear un mapa de gratitud*: Hacer una lista de las personas, experiencias y cosas por las que nos sentimos agradecidos y agruparlas en un mapa visual. Este ejercicio estimula la creatividad y refuerza la conexión emocional con los elementos positivos de la vida. Sugiero, antes de irnos a dormir, que nos conectemos con este mapa y agradezcamos cada una de las cosas del listado.

6. Enfocarse en la regulación emocional y desarrollar la empatía

Daniel Goleman explica que los líderes efectivos son aquellos que pueden gestionar sus emociones y las de su equipo de forma clara, concreta y efectiva. La empatía es una de las habilidades clave dentro de la inteligencia emocional para gestionar nuestras propias emociones y las de los demás, ya que implica también comprenderlas y responder de manera apropiada. Una alta capacidad empática mejora las relaciones interpersonales, el trabajo en equipo y el liderazgo. Los líderes empáticos son más eficaces porque pueden conectarse emocionalmente con sus equipos y, por tanto, entender mejor sus necesidades y motivaciones. De esta manera, se trabaja de forma mucho más productiva y feliz. Las personas felices hacen lugares felices donde se trabaja mucho más a gusto y de una forma más productiva. Una mente calma obtiene mejores resultados. Cuando el cerebro está en modo supervivencia, las decisiones que se toman no son las más adecuadas. La meditación de compasión fortalece la actividad en la corteza prefrontal medial y el cíngulo anterior, áreas responsables de la empatía y la regulación emocional. El *mindfulness*, al entrenar la atención plena, ayuda a observar y comprender las emociones propias y ajenas sin juicio y logra mejorar la empatía. A su vez, la ayuda activa a otros fomenta la empatía. Involucrarte en actividades voluntarias o comunitarias que te permitan conectarte con las necesidades de los demás, fomenta la empatía. Entrenar la escucha activa también fomenta la empatía, ya que escuchar sin interrupciones activa las neuronas espejo y fomenta la conexión emocional.

Daniel Goleman enfatiza que escuchar de manera plena refuerza la empatía cognitiva y emocional.

La neurocientífica Tara Swart, respecto a la regulación emocional, destaca que las emociones tienen un impacto directo en la química cerebral y en el rendimiento. Regularlas puede mejorar el acceso al córtex prefrontal, que es clave para la toma de decisiones y el pensamiento estratégico. Las técnicas de visualización y prácticas como el *journaling* emocional para descargar tensiones genera claridad mental. Este hábito se centra en registrar pensamientos y emociones en un diario como una forma de liberar cargas emocionales, entrenar la autoconciencia y fomentar una mentalidad más positiva y resiliente. Consiste en escribir de manera consciente sobre experiencias, emociones y pensamientos cotidianos, con el objetivo de identificar patrones, liberar tensiones y reprogramar la mente hacia el bienestar. Según la autora, es un ejercicio de limpieza mental que ayuda a alinear nuestras emociones con nuestras metas y a procesar mejor los desafíos. Este tipo de escritura activa la corteza prefrontal (responsable del razonamiento y la toma de decisiones) y reduce la actividad de la amígdala (asociada con el miedo y el estrés). Esto favorece la regulación emocional y el autocontrol.

Por su lado, Joe Dispenza relaciona la regulación emocional con el control del sistema nervioso autónomo. Argumenta que las emociones negativas recurrentes mantienen el cuerpo en un estado de estrés crónico desde el cual no se toman las mejores decisiones. La regulación emocional permite a las personas salir de este ciclo, promoviendo estados de calma y claridad.

Tanto la práctica de meditación como los ejercicios de respiración son muy útiles para activar el sistema nervioso parasimpático y generar un estado de bienestar.

7. Meditaciones de apreciación

Está comprobado científicamente que la práctica repetitiva de la meditación puede ayudar a mantener la concentración en el ahora y, en consecuencia, bajar la rumiación. Cuando pasamos por momentos difíciles, solemos ser más negativos, autocríticos y cultivar una baja autoestima. Aunque parezca imposible, es ideal poder hacer foco en pensamientos lindos y visualizaciones milagrosas de forma de ir llevando la mente hacia cosas positivas, para poder al menos, por momentos, ir alejándonos de esa oscuridad.

Según Richard Davidson, especialista en neurociencia afectiva, las meditaciones de apreciación fortalecen la actividad en el córtex prefrontal, el área del cerebro asociada con emociones positivas y el bienestar. También disminuyen la actividad de la amígdala, reduciendo la respuesta al estrés y al miedo. A su vez, generan oxitocina (hormona del amor y la conexión). Andrew Huberman también reconoce que las prácticas de gratitud y apreciación de forma regular pueden reconfigurar las vías neuronales hacia patrones más resilientes y optimistas, mejorando la capacidad del cerebro para enfocarse en aspectos positivos.

Ejercicio de apreciación  FLOR BOND

-Haz un listado de todo lo que aprecias de ti mismo:

-Haz un listado de todo lo que aprecias de tu vida:

*Utiliza este listado cada vez que practiques la meditación de apreciación. Continúa agregando cosas bonitas cada día.

8. Las respiraciones conscientes y profundas

Este tipo de respiraciones tienen la capacidad de traernos en forma inmediata al aquí y ahora. Es una pieza fundamental para bajar la ansiedad y devolvernos al presente. Independientemente de lo que esté sucediendo a nuestro alrededor, tener esta herramienta nos va a permitir transitar el ahora con mucha más calma. Considero la respiración diafragmática como la más esencial de todas las técnicas de respiración y es la que más utilizo con las personas que trabajo.

Ejercicios de respiración

- *Respiración diafragmática*: en lo personal, la considero la técnica de respiración más importante. Al practicarla se activa el nervio vago, promoviendo la relajación y reduciendo el estrés. Para hacerla debemos sentarnos en una posición cómoda. Colocar una mano en el abdomen y otra en el pecho. Inhalar profundamente por la nariz durante 4 segundos, permitiendo que el abdomen se expanda. Debemos observar que el abdomen se infla. Luego, exhalar lentamente por la boca o nariz durante 6 segundos, asegurando de que el abdomen vuelva a su posición inicial. Repetirlo de 5 a 10 minutos.

Veremos cómo nos lleva al estado de calma. También reduce los niveles de cortisol y desacelera la frecuencia cardíaca.

- *Respiración 4-7-8*: fue creada por el Dr. Andrew Weil, regula el sistema nervioso autónomo y promueve un estado de calma. Para practicarla, inhalar por la nariz contando hasta 4; retener el aire en los pulmones durante 7 segundos; exhalar lentamente por la boca contando hasta 8. Repetir este circuito de 4 a 8 ciclos. De esta forma se logrará mejorar el enfoque, regular tu amígdala reduciendo los niveles de estrés.

- *Respiración cuadrada (Box breathing):* es una técnica de respiración muy utilizada por la fuerza de operaciones especiales de élite de la Marina de los Estados Unidos (U.S. Navy) y otros profesionales de alta exigencia. Este ejercicio mejora el control emocional, y para llevarlo a la práctica debemos, inhalar profundo por la nariz durante 4 segundos; mantener la respiración durante 4 segundos; exhalar completamente por la nariz durante 4 segundos y luego mantener la respiración durante 4 segundos. Recomiendo repetir este recorrido por 4 minutos y de este modo lograremos aumentar la actividad de la corteza prefrontal, y sentiremos cómo mejora el autocontrol.

9. Conectar mente y cuerpo

Andrew Huberman señala que el estado físico afecta directamente al estado mental, y viceversa. El autor enfatiza el papel central del sistema nervioso autónomo (simpático y parasimpático) en la gestión emocional. Controlar la respiración y el ritmo cardíaco puede influir directamente en cómo experimentamos las emociones. Él recomienda hacer la respiración del doble suspiro exhalado, que consiste en inhalar profundamente, luego realizar un segundo suspiro corto y exhalar completamente para reducir el estrés en cuestión de segundos. En mi caso, como dije anteriormente, la respiración diafragmática es la herramienta por excelencia que yo utilizo y recomiendo practicar a diario para gestionar nuestra mente y funciona de forma óptima para salir de situaciones de mucho estrés. Yo la uso siempre antes de dar una presentación en público o incluso para conciliar el sueño de una manera amorosa. A su vez, él hace especial énfasis en hacer el ejercicio con periodicidad para regular el sistema nervioso y mejorar la resiliencia emocional. Yo recomiendo, además, levantar peso de dos a tres veces a la semana y practicar algún deporte algún día del fin de semana. También hacer ejercicios aeróbicos, son ideales para nuestro cerebro.

Por su lado, la Dra. Tara Swart explica que las emociones no solo surgen en el cerebro, sino que también están profundamente influenciadas por señales del cuerpo, como la postura, la respiración y la salud física. Para la profesora de MIT, la relación bidireccional entre el cerebro y el cuerpo (a través del sistema nervioso y el eje cerebro-corazón-intestino) es esencial para gestionar el estrés y las emociones. Ella recomienda la respiración consciente para regular el ritmo de la respiración, ya que estas activan el sistema nervioso parasimpático, promoviendo la calma. También hace hincapié en llevar una alimentación equilibrada, una muy buena hidratación y en dormir de 7 a 9 horas de sueño de calidad como piezas fundamentales para mantener el equilibrio emocional. Por último, también sugiere practicar ejercicio físico con regularidad en forma pautada para liberar endorfinas y reducir de este modo la activación de la amígdala, lo que va a ayudar a manejar las emociones negativas que se nos presenten a diario. Es bueno incorporar ejercicios físicos que estimulen el cerebro, como el yoga, el *tai chi* o *chi kun* y hacer caminatas o deportes al aire libre.

10. Las *walking meditations* o meditaciones caminando

Este tipo de caminatas han sido algo que incorporé en un momento de mi vida en que no tenía tiempo, y aprovechaba para hacer ejercicio físico y meditar al mismo tiempo. Honestamente han sido, para mí, una de las mejores prácticas que he integrado en mi vida. Representan una forma perfecta de unir la actividad física con la búsqueda de atención plena (*mindfulness*), convirtiendo cada paso en un momento de introspección y conexión tanto con uno como con el entorno en el momento presente. Son ideales para personas activas o para quienes desean experimentar la meditación de una manera más dinámica y fluida.

Durante estas caminatas conscientes, el ruido mental se silencia, dando espacio para apreciar las cosas bellas de la vida mientras te sintonizas con la naturaleza y el entorno. Si nuestra mente divaga, suavemente redirigimos la atención al movimiento y a las sensaciones. Yo suelo buscar lugares especiales rodeados de naturaleza para caminar, meditar y poder conectar con ese ambiente. Me suele pasar seguido que me conecto rápidamente con el paisaje y lo disfruto de una manera única. He logrado con estas caminatas congelar y apreciar pequeños momentos para siempre. Incorporarlas en mi día a día me permitió descubrir la magia de caminar por un bosque. Nuestros sentidos se intensifican y el mundo se percibe de una forma más viva y enriquecedora. Es como si la realidad se potenciara en colores, sonidos y sensaciones. Estar presente con los sonidos, las texturas y los olores del entorno enriquece la experiencia y fomenta la atención plena.

La conexión que se genera es múltiple. Mientras escuchamos una meditación enfocada en la apreciación, comenzamos a conectar con aspectos hermosos de nuestro ser, de nuestra vida y del entorno que nos rodea, cultivando un profundo sentido de gratitud. Este acto sencillo desencadena la liberación de oxitocina y serotonina, que nos anclan al presente y al disfrute de ese entorno maravilloso. Al mismo tiempo, el movimiento físico estimula la liberación de endorfinas, creando un estado de bienestar integral.

En estas meditaciones caminadas, mente, cuerpo y emociones convergen, ofreciendo una experiencia transformadora que enriquece tanto el momento presente como nuestra perspectiva de la vida.

Esta práctica de forma continua nos permite reducir la actividad de la amígdala (centro del estrés) y promover una vida más calma. A su vez, nos ayuda a sincronizar la mente con el cuerpo, promoviendo un estado de equilibrio emocional y físico. Y, sobre todo, nos fomenta la capacidad de mantener la atención en el presente, mejorando la concentración en otras áreas de nuestra vida. Si logramos sincronizar la respiración con los pasos, esto puede profundizar la sensación de calma y conexión que obtendremos.

Jon Kabat-Zinn, el creador del programa de Reducción de Estrés Basado en *mindfulness* (MBSR), considera las *walking meditations* como una herramienta poderosa para reducir el estrés y aumentar la atención plena. Él sostiene que esta práctica es una forma accesible y dinámica de incorporar el *mindfulness* en la vida cotidiana. La atención plena al caminar ayuda a liberar tensiones acumuladas en el cuerpo y la mente, ya que el acto de caminar conscientemente puede calmar el sistema nervioso y romper el ciclo de pensamiento reactivo asociado con el estrés. Cada paso se convierte en una oportunidad para conectar con el momento presente. Esto evita que la mente se desplace hacia preocupaciones pasadas o futuras, un factor clave en la reducción del estrés. Él subraya la importancia de observar sin juicio, permitiendo que los pensamientos y emociones fluyan mientras se camina conscientemente.

11. El método N.A.M.: en qué consiste mi método y cómo podemos reprogramar nuestra mente

El método N.A.M. (Neuroconciencia, Autoconciencia y Meditación) combina técnicas avanzadas de neurociencia aplicada con prácticas de meditación, *mindfulness* y respiración consciente, que he diseñado específicamente para mejorar el rendimiento y bienestar de ejecutivos, líderes y equipos corporativos.

La neurociencia aplicada es la utilización práctica del conocimiento sobre el cerebro y el sistema nervioso para mejorar nuestra calidad de vida. Al entender cómo funcionan nuestras emociones, pensamientos y comportamientos desde una perspectiva científica, podemos desarrollar herramientas y estrategias para vivir de manera más plena y consciente. Así lograremos manejar nuestro cerebro y no que él nos domine. Como dice Jon Kabat-Zinn: «No puedes detener las olas, pero puedes aprender a surfearlas».

Siempre es bueno cultivar nuestra autoconciencia para lograr comenzar a percibir en qué momentos debemos hacer una pausa, ver cómo y hacia dónde seguir. La autoconciencia comienza con la habilidad de identificar qué sentimos en cada momento y cómo estas emociones impactan en nuestras decisiones y relaciones. Según la Dra. Marian Rojas Estapé, la autoconciencia implica reflexionar sobre cómo las experiencias del pasado moldean nuestras creencias, comportamientos y patrones emocionales. Esta introspección nos ayuda a liberar cargas emocionales y superar bloqueos. Practicar la atención plena es esencial para desarrollar la autoconciencia. Aprender a conectarnos con nuestra respiración y forma de sentirnos a nivel corporal es clave para poder comenzar a reconocer cuándo estamos ante momentos de mucho estrés. Tan solo con ser conscientes podemos, por ejemplo, hacer una pausa y hacer 10 respiraciones profundas. La respiración nos permite anclarnos en el presente y que todo el ruido mental que nos perturba se aquiete en nuestra mente. Todo comienza con afinar la capacidad de conectarnos con lo que sentimos y, en determinados momentos, saber frenar y darnos calma. Al anclar nuestra mente en el presente, podemos observar con mayor claridad nuestros pensamientos y emociones, sin dejarnos arrastrar por ellos.

Desde la neurociencia podemos encontrar un conjunto de herramientas prácticas para reprogramar la mente, aprovechando la plasticidad cerebral para cultivar patrones de pensamiento y comportamiento más positivos y saludables. Técnicas como la meditación, la visualización, la respiración consciente y el entrenamiento de hábitos son accesibles y efectivas para transformar la forma en que experimentamos y gestionamos la vida. Estas prácticas pueden ser integradas en la rutina diaria para optimizar el bienestar y el rendimiento personal. Suelo utilizar meditaciones que combinan técnicas del *mindfulness* con herramientas de neurociencia aplicada para lograr, con esta práctica, reprogramar desde nuestro córtex prefrontal nuestro cerebro inconsciente (el 95 % del cerebro). Es decir, desde mis meditaciones logro que, por un lado, nos conectemos con nuestras emociones a través de nuestros cinco sentidos, de tal forma que nuestro cerebro los viva como reales (recordemos que nuestro cerebro no distingue entre lo real e imaginario) y genere oxitocina. Al mismo tiempo, busco desde la neurociencia que nuestra mente se conecte, por ejemplo, con los recuerdos más bonitos de nuestra vida y los reviva. De esta forma, intento que con la meditación y la calma seamos capaces de ir a lugares de nuestra memoria cerebral donde están alojados nuestros momentos más lindos y, desde ese estado meditativo, seamos capaces de revivirlos. De esta forma, si somos capaces, con constancia diaria, de dedicar 5 minutos a esta práctica y lograr construir el hábito de hacer esta práctica, seremos capaces de reprogramar día a día nuestra memoria cerebral por nuevos recuerdos más felices y positivos. De esta forma, reforzaremos nuevas conexiones neuronales asociadas con el bienestar.

Ejercicio revive tus recuerdos

-Describe en detalle los momentos más especiales de tu vida que recuerdes.

-Utilízalos cada día al hacer esta meditación para conectarte con ellos y revivirlos.

Ejercicio 1 de neurociencia del Método N.A.M. para transformar tu mente en una mente más positiva

Como dijimos, nuestra mente no distingue entre lo real y lo imaginario. Por ello, con llevar nuestra mente a pensamientos positivos o revivir con visualizaciones momentos lindos de nuestra vida podemos lograr que nuestra mente se vuelva más positiva. Así, transformamos lo negativo en positivo. Generamos oxitocina (hormona de la felicidad) en vez de cortisol (hormona del estrés).

Por ello, les propongo que, durante 21 días al levantarse, visualicen de 3 a 5 minutos cosas que quieran para sus vidas sonriendo y sintiéndolas como si fuesen reales. Sugiero que pongan linda música de fondo —que también los conecte con momentos lindos de sus vidas— mientras visualizan inhalando y exhalando. El sonido de una música calma o tan solo el sonido de la naturaleza son ideales para este momento.

Luego, conéctense de 3 a 5 minutos con los recuerdos más bonitos de sus vidas y, visualizando, revívanlos como si fuesen reales inhalando y exhalando con la misma música de fondo o sonidos de la naturaleza que les den paz y felicidad. O tan solo en silencio, concentrándose en sus recuerdos. Hacer este ejercicio por 21 días seguidos cada mañana les permitirá ver resultados maravillosos.

Ejercicio 2 de neurociencia del Método N.A.M. para transformar una mente triste, angustiada, quejosa y miedosa en una mente calma y feliz

Primero tomen conciencia de qué pensamientos negativos les vienen a la mente de forma recurrente. Luego, sean conscientes de que no son reales y propónganse cambiarlos así pueden lograr vivir de otra manera. Marian Rojas Estapé afirma que el 90 % de las cosas que nos preocupan no suceden. Por ello, recomiendo que se creen un mantra inverso al pensamiento que los agobia y, cada vez que les venga a su mente el pensamiento negativo, tomen consciencia de que se trata de un pensamiento que no es real y que están ante un momento de mucha ansiedad que les trae ese pensamiento. Y, en consecuencia, repitan ese mantra inverso, que deberá ser una frase opuesta. Por ejemplo, si me digo que soy la peor y no voy a poder hacer bien mi trabajo, comienzo a repetirme: soy una excelente profesional, estoy muy preparada y por eso voy a destacarme en mi trabajo. Es ideal sumar respiraciones diafragmáticas mientras repetimos el mantra. Luego de unos minutos, verán cómo van saliendo de ese estado mental.

Por último, comenzar a ser conscientes de que esos pensamientos no son reales y que somos capaces de cambiarlos nos facilitará comenzar a transformarlos. Si comenzamos a hacer este ejercicio con frecuencia y continuidad, nuestra mente comenzará a cambiar.

Reprogramar el cerebro, cambiar nuestra vida y ser mejores líderes requiere combinar prácticas científicas con un enfoque en el crecimiento personal. La clave está en la consistencia, el autoconocimiento y la voluntad de transformar hábitos y patrones mentales para construir un futuro más consciente y exitoso.

1.3 | El impacto de la neurociencia en el liderazgo y en los negocios. Herramientas de autogestión para líderes y sus equipos

La Dra. Tara Swart, neurocientífica y profesora de MIT, afirma que las claves para desarrollar un cerebro líder y emprendedor se basan en principios de neuroplasticidad cerebral y atención plena. Es decir que un líder debe, *a priori*, cultivar una mente resiliente, capaz de adaptarse a los cambios que puedan presentarse en el camino frente a un nuevo contexto o situación; y puede, a su vez, enfrentar la incertidumbre de lo nuevo o lo desconocido que está por venir con calma y templanza. Esto implica desafiar patrones automáticos de pensamiento y reconectar el cerebro mediante prácticas conscientes para potenciar emociones, motivaciones, intuición y lógica.

La neuroplasticidad cerebral se puede cultivar mediante actividades que desafíen al cerebro, promuevan la novedad y fomenten la salud física y emocional. Integrar estas prácticas en la vida diaria no solo mejora las capacidades cognitivas, sino que también ayuda a adaptarse mejor a los cambios y vivir de manera más plena y consciente. Alterar hábitos diarios estimula al cerebro a adaptarse a nuevos patrones, lo que refuerza su flexibilidad. Como, por ejemplo, cambiar el camino que tomamos para llegar a nuestro trabajo cada día, o intentar hacer una presentación frente a nuestro equipo de trabajo de un modo diferente al que lo hacemos de forma habitual, introduciendo un mini ejercicio de respiración para que todos estén más relajados antes de su presentación y luego dar la presentación de una forma más creativa que la habitual.

Establecer y trabajar hacia metas personales, a su vez, también desafía al cerebro a mantener el enfoque y generar estrategias, fomentando la neuroplasticidad. Hacer lo mismo que venimos haciendo, pero de una manera distinta también fomenta la neuroplasticidad; por ejemplo, una tarea que nos piden en nuestro trabajo, al intentar hacerla con una nueva técnica o desde otro enfoque al que solemos dar habitualmente, favorece a que nuestra mente se transforme. Por su lado, la gratitud activa áreas del cerebro asociadas con el sistema de recompensa, promoviendo un estado emocional positivo que refuerza la neuroplasticidad. Suelo recomendar a grandes líderes y sus equipos escribir tres cosas por las que están agradecidos al final de cada día, como una forma de conectarse con logros que han conseguido y, de este modo, ir creando mentes que se transformen haciendo foco en la abundancia y no en la carencia.

Experimentar cosas nuevas obliga al cerebro a adaptarse y formar nuevas conexiones. Para ello, sugiero explorar nuevos lugares, leer géneros literarios diferentes o asistir a eventos culturales desconocidos. Por último, son muy recomendables actividades que requieren coordinación y precisión, ya que activan y reorganizan circuitos neuronales. Por ejemplo, jugar al tenis o al golf —que además de la coordinación que requieren, nos llevan a hacer ejercicio físico aeróbico que también aumenta la producción de BDNF (factor neurotrófico derivado del cerebro), una proteína que promueve la formación de nuevas conexiones neuronales—.

Todo lo que pasó en nuestras vidas moldeó nuestro cerebro (modo supervivencia). Por ello, hacer foco en algo nuevo redirige recursos químicos, hormonales y físicos para crear nuevas vías cerebrales. A su vez, cultivar la atención plena, desarrollando un enfoque en el presente, permite detectar oportunidades y actuar con mayor claridad. La meditación y practicar *mindfulness* son, por excelencia, las prácticas que nos permiten mantener la mente ágil y receptiva a las oportunidades.

Por su lado, la agilidad cerebral, el dominio de mentalidad, y la simplicidad nos permiten cambiar entre las distintas formas de pensar. Por ello, es superimportante que una mente líder y emprendedora tenga y desarrolle una mente altamente flexible, capaz de buscar soluciones creativas ante la adversidad. Para ello es clave que dentro de su equipo trabajen personas con distinta formación, cultura y enfoque. De este modo, se logra llegar a soluciones *out of the box* más fácilmente. Lograr soluciones innovadoras dentro de contextos difíciles son las notas distintivas de los líderes del siglo XXI.

Es por ello que los pioneros de este siglo deben tener mentes muy entrenadas, y ser capaces de reaccionar positivamente aun estando bajo momentos de mucha presión. Según Rock, experto en la aplicación de la neurociencia al liderazgo y la gestión organizacional, el aprendizaje y la innovación están estrechamente vinculados. Los líderes y emprendedores deben entrenar su cerebro para mantenerse curiosos y abiertos a nuevas oportunidades de desarrollo.

La pasión del cerebro líder emprendedor es su motor esencial, es lo que los impulsa a superar obstáculos y alcanzar sus objetivos. Su entusiasmo está estrechamente ligado a la creatividad y a la innovación que manejan, elementos fundamentales para el éxito en sus negocios. Es entonces en la situación crítica donde ellos deben utilizar herramientas poderosas de autogestión para atravesar la complejidad y salir fortalecidos de ese escenario.

Varios estudios publicados en revistas científicas destacan la capacidad del cerebro emprendedor para adaptarse rápidamente a cambios y pensar de manera creativa. Esta habilidad está relacionada con conexiones fortalecidas entre la ínsula derecha y la corteza prefrontal anterior, áreas que facilitan la toma de decisiones en entornos inciertos. A su vez, hablan de la conectividad neural mejorada. Existen investigaciones con resonancia magnética funcional que muestran que los cerebros emprendedores tienen una mayor conectividad entre las áreas responsables de la innovación y el control ejecutivo. Esto les permite integrar ideas creativas con estrategias prácticas, algo esencial en el emprendimiento.

A su vez, en la Universidad de Harvard sostienen que el cerebro emprendedor es más explorador y busca activamente nuevas oportunidades y desafíos. Este rasgo fomenta la innovación y permite encontrar soluciones a problemas de manera única.

David Rock, fundador del concepto de *NeuroLeadership*, sostiene que los líderes exitosos tienen la capacidad de gestionar sus emociones, lo que les permite mantener la calma bajo presión y tomar decisiones claras. Esto implica un equilibrio entre la amígdala (centro emocional) y la corteza prefrontal (área racional). En el liderazgo, es crucial reconocer y mitigar los sesgos inconscientes que pueden influir en las decisiones.

A su vez, adaptarse rápidamente a nuevas situaciones es esencial para ellos. Esto implica cambiar patrones mentales rígidos y estar abiertos a nuevas ideas, lo cual es facilitado por una conectividad óptima en el cerebro. Por otro lado, su gestión emocional es crucial para tomar decisiones acertadas y sostener el rendimiento en entornos de incertidumbre. Hay un principio general que dice que no es el estrés en sí mismo lo que nos afecta, sino cómo reaccionamos ante él. Es por ello que, cultivar respuestas conscientes y proactivas es fundamental para los emprendedores, quienes enfrentan retos de forma constante. Cultivar un enfoque en el presente permite detectar oportunidades y actuar con mayor claridad.

Meditaciones cortas, ejercicios con técnicas de respiración de 5 minutos, ejercicios de neurociencia aplicada y técnicas de visualización (tan utilizadas por los deportistas de élite) son las herramientas más empleadas en los momentos más críticos por los líderes emprendedores para lograr volver a su eje y conseguir controlar la nueva situación. El apetito al riesgo es lo que los caracteriza. La gestión emocional es crucial para la toma de decisiones acertadas y para sostener el rendimiento en entornos de incertidumbre. A su vez, el cuidado del cuerpo, tanto de la alimentación y el buen descanso, como del ejercicio potencian la claridad mental y reducen el impacto del estrés.

Ejercicios

1. *Técnicas de respiración para líderes:* Para comenzar el día, recomiendo antes de mirar el teléfono con noticias, emails y mensajes, conectarnos con la respiración. Hacer 5 minutos de respiraciones profundas diafragmáticas. Inhalamos en 4 tiempos inflando el abdomen y exhalamos en 6 tiempos metiendo el abdomen para dentro. A esto le sumamos agradecer 5 cosas maravillosas que tengamos en nuestras vidas y que podemos comenzar a apreciar. De este modo, comenzamos el día activando el sistema parasimpático de calma que nos conecta con nuestro mundo interior y, a la vez, conectarnos con apreciar cosas bonitas de nuestra vida nos permitirá ir generando oxitocina. De este modo, cuando vayamos a conectarnos con el mundo exterior —en nuestro hogar con nuestra familia, o por medio del teléfono con emails, llamados, mensajes y redes sociales— lo haremos desde un estado de bienestar y tranquilidad que nos ofrecerá la oportunidad de abordar lo que se nos presente desde el mejor lugar. Es, de algún modo, primero conectarnos con nosotros mismos y nuestra mejor versión de calma posible ese día, para luego ir al mundo exterior desde ese lugar. Les propongo que se detengan a pensar cuantas veces abrieron los ojos al despertarse, agarraron el teléfono y ya, en medio minuto, estaban enchufados a 220 voltios con los mensajes, emails y *whatsapps* que

llegaron durante la noche. Entramos inmediatamente en estado de estrés y generamos cortisol al comenzar el día. Ni hablar de las veces en que en ese estado de estrés, después de agarrar el celular ni bien abrimos los ojos, saludamos a nuestra pareja o hijos desde el apuro de seguir leyendo o contestando lo que estábamos haciendo y nos perdemos ese primer contacto del día, desde lo puro. Es ahí donde quiero llegar. Esto que relato ha pasado a ser sin lugar a dudas nuestra rutina diaria por el apuro con el que hemos aprendido a vivir. Por ello, lo que quiero aquí, lejos de bajar la productividad de sus vidas o sus trabajos, es invitarlos a reprogramar esas rutinas por nuevas versiones que nos permitan reconfigurar sus posibilidades de vivir, trabajar y liderar lo más cercano posible a una versión de calma, disfrute y bienestar. Es desde este lugar desde donde yo veo que la neurociencia aplicada nos será de gran utilidad. Apropiarnos de herramientas, ejercicios y técnicas que nos permitan, poco a poco, lograr adquirir pequeños nuevos hábitos para así lograr nuestras nuevas mejores versiones y poder vivir lo más cercano posible al disfrute y bienestar.

Es un ejercicio de tan solo 5 minutos e incorporarlo a nuestras rutinas diarias hará una gran diferencia. A su vez, comenzamos a incorporar este tipo de prácticas para implementar en cualquier momento del día en el que nos damos cuenta que estamos entrando en modo alerta o que nos sentimos superestresados. Detenernos y darnos cuenta de que se trata de ansiedad y no realidad; o bien saber que la ansiedad que nos pueda generar una situación difícil la vamos a poder abordar mucho mejor si lo hacemos desde la calma y en conexión con el ejercicio de respiración que les acabo de detallar.

Otra versión posible es, ante una situación de mucho estrés en nuestra vida o trabajo, primero intentar darnos cuenta qué la desencadenó y luego aceptar que estamos en una situación que nos da mucha ansiedad y, en ese momento, hacer las respiraciones diafragmáticas tal como las detallé anteriormente. A su vez, sumar el mantra inverso a lo que se nos viene a la mente de forma continua en ese momento de mucho estrés. Por ejemplo, si nos agobiamos por sentir que no estamos a la altura de un trabajo que nos encomendaron, repetirnos mientras inhalamos y exhalamos que somos los mejores para lo que se nos encomendó hacer.

2. *Ejercicios de neurociencia aplicada para líderes y sus equipos:* ¿Cómo transformamos algo que nos aterra en una oportunidad en nuestra vida o nuestro trabajo? A nuestro cerebro le da terror todo lo nuevo. Ante estas situaciones primero debemos detectar cuál es nuestro miedo. Escribir y/o decir en voz alta lo que nos asusta de forma clara y específica. Por ejemplo: «Hablar en público ante toda la compañía donde trabajo en presencia del CEO me aterra porque temo ser criticado o temo equivocarme». Después definamos una oportunidad.

Pensemos cómo esa situación podría beneficiarnos si la enfrentamos. Por ejemplo: «Hablar en público frente a toda la empresa donde trabajo y su CEO me permitirá hacerme más reconocido dentro de la compañía y poder crecer dentro de ella».

Ahora hagamos un reencuadre mental. Cerremos los ojos y respiremos profundamente con respiraciones diafragmáticas de 5 a 10 veces para calmar nuestro sistema nervioso. Luego, imaginemos el escenario que nos atemoriza. Por ejemplo, estar hablando en público frente a toda la empresa y el CEO. Observemos las sensaciones negativas (palpitaciones, sudoración, nerviosismo) y reconozcámoslas sin juzgarlas. Y hagamos un cambio de escenario a nivel visual. Es decir, visualicemos el mismo escenario, pero con un resultado positivo en esa misma situación. Imaginemos a la audiencia sonriendo y aplaudiendo, o la sensación de logro al superar ese reto. Agreguemos detalles involucrando nuestros cinco sentidos. Cómo nos sentimos, cómo respiramos, cómo sonreímos y disfrutamos. Esto entrena nuestro cerebro para asociar la experiencia con emociones positivas. Al mismo tiempo, les recomiendo que logren un anclaje positivo con una palabra o palabras clave. Por ejemplo, decirnos a nosotros mismos que lo estamos haciendo superbien. Es esa voz interior que nos da confianza y nos empuja. Repetirlo varias veces para que nuestro cerebro conecte la palabra con la sensación de logro.

Entonces, te recomiendo varios días antes de experimentar esto, que para ti es un desafío, hacer este ejercicio para lograr llegar al día del evento sintiendo que, para tu cerebro, ya es algo conocido (ya sabemos que nuestro cerebro no distingue entre lo real e imaginario). Con toda tu preparación mental lograrás hacerlo de forma exitosa. Visualizarnos desde el éxito nos permite que hagamos foco en ese resultado. Nuestro cerebro ya ha sido entrenado para lograrlo. En esa situación, el cerebro nos premia generando dopamina.

Esta palabra o palabras clave que usas para el anclaje te servirá, cada vez que enfrentes una situación aterradora dentro de tu trabajo y en tu vida en general, para activar el estado positivo.

3. *Técnicas de visualización:* La visualización, respaldada por la neurociencia, es una forma muy efectiva de agudizar nuestro enfoque, mantener nuestra motivación y crear los resultados en el mundo real que deseamos. Se trata de alinear nuestra mente con nuestras acciones para obtener resultados exitosos. Tara Swart explica que la visualización activa ciertas áreas del cerebro, como el sistema de recompensa, lo que aumenta la motivación y la confianza en la consecución de objetivos. Los líderes pueden aplicar técnicas de visualización para reforzar su enfoque y motivar a sus equipos hacia el logro de metas estratégicas al igual que se hace en el mundo del deporte de alto rendimiento. Todos los deportistas de élite

tienen el gran desafío de llevar adelante entrenamientos muy exigentes no solo a nivel físico, sino también a nivel mental; para poder trabajar la calma y la concentración durante sus *performances*. Y, a la vez, deben hacer mucho foco en trabajos de visualización de sus metas, propósitos y éxitos para que sus cerebros los lleven hacia allí. El Dr. Jim Loehr, quien ha trabajado con numerosos atletas de élite y es considerado un pionero en la psicología del rendimiento, combina conceptos de visualización, manifestación y enfoque mental para maximizar el rendimiento en el deporte y en la vida.

Tanto Michael Phelps, el nadador más exitoso de la historia, como Novak Djokovic, número uno del tenis, han dado especial importancia a la visualización en su preparación mental y su rendimiento en sus disciplinas. Phelps atribuye su éxito al poder de visualizar sus victorias desde las gradas de la pileta de natación todos los días durante dos horas utilizando todos sus cinco sentidos. El entrenador principal de los juegos olímpicos de natación de los Estados Unidos en 2016, Bob Bowman, dijo: «Si puedes formar una imagen mental clara y visualizarte haciéndola, tu cerebro inmediatamente encontrará la forma de llevarte allí».

La visualización en el deporte es una técnica que implica imaginar situaciones, movimientos o escenarios específicos para mejorar el enfoque y la confianza. Los deportistas de élite utilizan la visualización para anticipar lo que sucederá en un partido. Imaginan cada aspecto del juego: cómo se moverá en la cancha/piscina, cómo responderá a los diferentes tipos de jugadas y cómo reaccionará en momentos clave. Esto les permite mentalmente «ensayar» previamente diferentes situaciones, lo que le da una sensación de familiaridad cuando realmente se enfrenta a ellas en el partido/carrera. Como nuestro cerebro no distingue entre lo real y lo imaginario, este tipo de ejercicios hace creer al cerebro que ya hemos pasado una y mil veces por estas situaciones y, al llegar a la situación real, nos sentimos más seguros, confiados y motivados, ya que la situación nos es conocida.

En síntesis, nuestro cerebro pasa a tomar conductas visualizadas y practicadas desde la mente (con el gusto, el olfato, el tacto, la visión y la audición), como conductas que ya ha vivido realmente y esto le permite reprogramar su parte inconsciente (95 %) y, en situaciones de alta competencia, poder usar estas experiencias de un modo concreto y positivo.

Del mismo modo, esta práctica también sirve mucho para el estrés y la presión, ya que trabajando de forma anticipada sobre estas posibles situaciones podemos lograr manejarlas con más calma cuando llegan. Es super importante para la confianza y motivación, porque permite visualizarnos de ese modo y luego en esa realidad que nos creamos para poner en práctica al momento de exigencia. En todos los casos, se trata de entrenar al cerebro para vivir la realidad que soñamos. Visualizar y manifestar nuestros mayores deseos para que se hagan realidad.

La visualización suele estar ligada con la práctica de la meditación. Hacer ejercicios de respiración profunda y *mindfulness* para entrar en un estado mental óptimo antes de los partidos. Visualizar sus éxitos y el control de sus emociones, lo que le permite mantenerse en el momento presente y evitar distracciones. Esto debe practicarse a diario, luego, antes y durante el día de la competencia. De esta manera el cerebro está entrenado y al llegar el gran momento puede lograr sus objetivos. Tanto para Leo Messi como para los deportistas olímpicos Phelps y Djokovic, la visualización es una herramienta fundamental para maximizar su potencial de igual manera.

Para finalizar, dejo aquí un ejercicio de paneles de acción, visualización y manifestación que puede servirles a todos para atraer la vida que soñamos según la Neurociencia y la Ley de Atracción. Les propongo que armen un panel visual (con recortes, dibujos y escrito —una mezcla de todo—) donde pongan todas las cosas que quieran manifestar en sus vidas. Escriban claramente lo que significa cada imagen. Concéntrense cada día (al menos durante 20 días), con la meditación, en visualizar cada una de las cosas de sus paneles con sus 5 sentidos. La visualización positiva desde la meditación activará ciertas hormonas que contribuyen a la reparación celular de tu cuerpo. Generará oxitocina, y es desde ese estado de placer que iremos detrás de nuestros deseos para que se hagan realidad.

Recomiendo mirar el panel durante el día y antes de dormir para lograr el efecto TETRIS en la mente. Lograr que, al acostarnos, nuestra mente siga pensando en el panel como nos pasa con el juego tetris al jugarlo.

En consecuencia, aplicar conocimientos de neurociencia en liderazgo y negocios puede transformar la manera en que se gestionan personas, equipos y metas. Si trabajamos en implementar y consolidar prácticas accesibles que promuevan un liderazgo más consciente y empático orientado a resultados, no solo se mejorará el desempeño individual, sino también el colectivo.

CAPÍTULO 2

CEREBRO EN CALMA, LIDERAZGO EN EXPANSIÓN

2.1 | La ciencia de la felicidad y el bienestar aplicada al mundo empresarial. El éxito ejecutivo y la felicidad. Cómo lograr un equilibrio

La neurociencia aplicada al bienestar y la felicidad en el mundo empresarial sostiene que las emociones positivas, los hábitos saludables y la regulación del estrés son pilares esenciales para optimizar el rendimiento y productividad de las personas que trabajan dentro del mundo corporativo: mejorar la toma de decisiones, fomentar un buen clima laboral y aumentar la creatividad.

Emma Seppälä, psicóloga y directora científica del Centro de Investigación y Educación de la Compasión de Stanford, en su libro, *La estela de la felicidad*, explica cómo el enfoque tradicional del éxito basado en el esfuerzo constante y la autosuperación puede ser contraproducente. Ella, en cambio, propone un enfoque alineado con la ciencia de la felicidad y el bienestar para lograr, de este modo, tanto el éxito profesional como la plenitud personal. La investigación científica muestra que la felicidad es lo que conduce al éxito, y no al revés.

Shawn Achor, psicólogo de Harvard, es uno de los que han arribado a esta conclusión en su investigación. En su libro, *The Happiness Advantage*, él demuestra cómo el bienestar impulsa la productividad y la creatividad en el entorno corporativo. Argumenta que, cuando las personas son felices y positivas, su cerebro funciona mejor, lo que mejora su productividad, creatividad y capacidad para enfrentar desafíos en el trabajo.

Distintos estudios han demostrado que las personas felices tienen mayor rendimiento en el trabajo, mejores relaciones y una mayor resiliencia frente a los desafíos. Fomentar la felicidad entre los empleados no solo aumenta la creatividad, sino que fortalece la colaboración entre ellos, sus vínculos y también su rendimiento.

El autor también enfatiza en que la felicidad no es solo un estado emocional, sino también una ventaja estratégica que se puede entrenar con hábitos diarios, como la gratitud, el ejercicio, la meditación y la conexión social.

En mi caso, es cierto, y no menor, que mi gran avance a nivel personal como profesional se dio luego de haber cultivado y construido una mente fuerte, flexible, y resiliente, pero sobre todo feliz. Cuando hablo de avance, me refiero al hecho de, por fin, haber encontrado, desde la alegría y el disfrute, un nuevo camino posible a nivel profesional para transitar desde la excelencia y el alto rendimiento, pero sobre todas las cosas desde el placer en lo que hago. Es decir, que fue después y no antes, de sentirme *fit* a nivel mental, con mucha ilusión y entusiasmo a nivel emocional que logré comenzar a vivir, emprender alineada y en resonancia con mi propósito y en plenitud. Es aquí donde llegó mi mayor victoria. La vida, al final, no se trata de otra cosa que de poder pasarlo bien en los distintos ámbitos en los que nos desenvolvemos. El trabajo, finalmente, es donde pasamos la mayor parte de nuestro día, y por ello es fundamental encontrar allí también un lugar de pertenencia y deleite. No hay nada más enriquecedor que tener un jefe, compañero o par que nos inspire, motive y al cual admiremos. Lograr burbujas de trabajo dentro de las empresas donde fluya la empatía, el compañerismo y el disfrute es, sin dudas, el mejor lugar para llegar a cumplir grandes metas y un alto rendimiento ejecutivo. Es a partir de la felicidad y no desde la exigencia desmedida desde donde se obtienen los mejores resultados.

Cuando uno está bien, eso se siente, se transmite, se vive y se contagia a todas las personas con las que nos vinculamos en todos los ámbitos de la vida. Por eso, un líder empático, compasivo y feliz hace crecer a su equipo y, en consecuencia, a su empresa. La posibilidad de estar presentes de una forma empática con la vida, con los demás y con nosotros mismos, es quizá una buena fórmula para lograr el éxito en todos los niveles. Y cuando hablo de éxito hago referencia a nuestro preciado equilibrio interno, donde nos sentimos realizados, conectados y en armonía.

El filósofo estoico Epicteto sostiene que el éxito y la felicidad no dependen de las circunstancias externas, sino de nuestra capacidad para controlar nuestras reacciones ante ellas.

¿Sensación fugaz o satisfacción plena?

Arthur C. Brooks, profesor de Harvard, ha explorado la felicidad en el mundo ejecutivo desde una perspectiva científica y práctica. En su libro *From Strength to Strength* aborda cómo los líderes pueden rediseñar su éxito y bienestar.

Brooks sostiene que en el mundo corporativo la mayoría de los profesionales persiguen logros externos a corto y largo plazo, como el dinero, el poder, o el estatus, como sinónimo de felicidad. Lejos de esto, el autor plantea que la verdadera satisfacción proviene de una combinación entre la autosatisfacción y haber construido a lo largo de nuestra vida vínculos sociales sólidos. La neurociencia confirma aquí al respecto que tanto la oxitocina como la dopamina juegan un papel clave en la felicidad, pero, a largo plazo, son el propósito y la gratitud los que logran sostenerse en el tiempo más que la simple acumulación de éxitos.

En esta misma línea, la psicóloga de la Universidad de Stanford, Barbara Fredrickson apunta que tanto la gratitud como la compasión son herramientas poderosas que no solo generan felicidad, sino que también mejoran el trabajo en equipo y la cohesión organizacional.

Respecto a estos puntos quiero desarrollar lo que pienso. La dopamina es una hormona vinculada al placer, la motivación y el deseo de avanzar en la vida. Es decir que se trata de una sensación que se experimenta en el cuerpo a corto plazo. En el mundo corporativo, la dopamina juega un papel crucial en la motivación para alcanzar objetivos, pero su naturaleza de recompensa a corto plazo puede generar que nos quedemos atrapados en un *loop* de búsqueda constante de logros externos. Si esto no se combina con emociones más sostenibles como el propósito y la gratitud, puede suceder que nos sintamos con un inmenso desasosiego. Por ejemplo, podemos lograr sentir, dentro de la empresa para la cual trabajamos, una enorme satisfacción al cerrar un excelente trato que nos facilita alcanzar una meta trimestral ambiciosa. Este logro nos dispara los niveles de dopamina por las nubes y genera una sensación temporal de euforia y éxito. Una vez que ese momento en particular pasa, es común sentir un vacío y la necesidad de buscar otro objetivo nuevo para mantener ese estado de placer. Así, se entra en un ciclo adictivo donde los logros externos se convierten en el principal motor, pero no necesariamente generan una satisfacción profunda a largo plazo. Es decir, cuando nos centramos únicamente en la gratificación inmediata, se puede generar una adicción que disminuye el placer inicial con el tiempo. Necesitamos consumir más para obtener el efecto deseado, y la satisfacción ya no es la misma.

En cambio, es el concepto de serotonina el que quiero introducir ya que es este el que está íntimamente vinculado con la sensación de felicidad a largo plazo. Lo cultivamos constantemente en el transcurso de nuestro camino, mediante trabajo y dedicación, con el objetivo de vivir de una forma más amorosa y feliz. Desde nuestro propósito, con entusiasmo y dedicación. Por ejemplo, nuestro jefe nos felicita públicamente por nuestro empeño en un proyecto que nos había especialmente encomendado. Este reconocimiento nos permite que generemos serotonina porque se activa el sentimiento de pertenencia y validación dentro del grupo, algo fundamental para nuestro bienestar. La serotonina se libera cuando sentimos seguridad, respeto y reconocimiento genuino. A diferencia de la dopamina que responde a logros individuales o recompensas inmediatas.

Son dos caras de la misma moneda. Sin embargo, mientras la dopamina, está vinculada a la motivación y recompensas a corto plazo, la serotonina es un neurotransmisor clave para el bienestar emocional, la estabilidad del estado de ánimo, la sensación de calma y satisfacción prolongada. Ambas son necesarias, pero el secreto radica en lograr un equilibrio donde la dopamina esté en pequeños momentos y la serotonina sea por lo que trabajemos a diario.

Entonces para cerrar mi idea, lo que quiero destacar es que la serotonina será entonces la actriz principal que nos acompañará a lo largo de nuestras vidas en la valiosa búsqueda de preciados momentos de felicidad. Será entonces en la medida que vayamos encontrando nuestros propósitos, vayamos logrando cumplir nuestras metas desde la gratitud y la empatía con nuestros pares que comenzaremos a vivir lo más cerca posible a estos estados de satisfacción y bienestar. Los líderes que practican la gratitud y el reconocimiento en sus equipos no solo tienen empleados más felices, sino que fomentan un entorno de mayor rendimiento y colaboración. Brooks demuestra que los líderes más exitosos a largo plazo son aquellos que saben equilibrar el éxito externo con el bienestar interno. Y, en definitiva, este es el enfoque con el que trabajo en las empresas desde mi método N.A.M.

Acerca del éxito y el bienestar, y en el mismo sentido que veníamos desarrollando, los estudios de Brooks muestran que muchas personas exitosas del mundo empresarial tienden a ser menos felices a medida que avanzan en sus carreras porque se vuelven adictas a la validación externa. Su investigación se basa en la neurociencia del *hedonic treadmill* (tendencia del cerebro a adaptarse a nuevos logros y buscar siempre más). La clave para romper este ciclo es entrenar el cerebro para valorar el proceso sobre el resultado. Es decir, lograr hacer foco en valorar cada paso, como propone el concepto de serotonina.

La Dra. Tara Swart, afirma que este término describe la tendencia humana a adaptarse rápidamente a nuevas circunstancias que nos lleva a un nivel basal de felicidad que, a su vez, nos impulsa a buscar constantemente más, sin alcanzar una satisfacción duradera. Se trata de un concepto vinculado con la idea de dopamina de la que venimos hablando. Esto hace que estemos constantemente conectados con lo que va a venir sin poder disfrutar del momento presente. Por otro lado, ella enfatiza en que esta búsqueda incesante de algo mejor puede impedirnos experimentar una felicidad genuina que nos permita estar conectados con el aquí y ahora. Finaliza diciendo que, a los efectos de contrarrestar con este ciclo, debemos entrenar nuestro cerebro desde la práctica de la gratitud y la atención plena (*mindfulness*), ya que ambas nos ayudarán a apreciar el presente y a encontrar satisfacción en lo que verdaderamente es, en lugar de en lo que podría venir.

Hay un punto que quiero destacar del análisis de Brooks ya que me pareció muy acertado y original. Él pone especial énfasis en el rendimiento cognitivo. Este se refiere a la capacidad del cerebro para procesar información, pensar, aprender, recordar y resolver problemas de manera eficiente. Y mide qué tan bien podemos utilizar nuestras habilidades mentales en diversas situaciones. Al respecto, él dice que esto no sigue una línea ascendente. Afirma que, en la juventud, los ejecutivos suelen destacarse en creatividad e innovación debido a su corteza prefrontal y sistema dopaminérgico. Por ello, permanecen muy activos, pero con el paso del tiempo, el cerebro cambia y se vuelve más eficiente en sabiduría, mentoría y toma de decisiones estratégicas. Brooks argumenta que los líderes deben aprender a adaptar su éxito a su etapa de vida para encontrar felicidad duradera en su carrera. Este es el punto central al que quise arribar para cerrar este apartado.

Ejercicio práctico del método N.A.M.

Ejercicio de apreciación y reconocimiento en equipos: Es ideal establecer el hábito de que una vez por semana, preferentemente los lunes, todo el equipo se reúna durante 20 minutos al comienzo del día antes de comenzar la jornada laboral para potenciarse desde la apreciación, la gratitud individual y colectiva. Cada uno deberá escribir en una hoja cinco cosas que puede agradecer de su lugar de trabajo; tres cosas que pueda agradecer a los compañeros de su equipo, destacar dos trabajos en los que haya sentido que dio lo mejor de sí, y describir un proyecto con el que se haya sentido realizado con el reconocimiento de su jefe y pares. Luego se puede ejercitar con una mini meditación de agradecimiento para que cada uno logre conectarse con cada una de las cosas que detalló en su hoja, agradeciéndolas. Al finalizar, en una puesta en común, dos personas pueden compartir sus listados con los demás. De esta manera, se comenzará a fomentar una burbuja de trabajo donde prime la empatía, el agradecimiento y el compañerismo. Si de este ejercicio se logra hacer una rutina semanal, donde cada lunes distinto, empleados y líderes expongan sus anotaciones y logren agradecer delante de los demás, se fomentará un clima de trabajo donde prime la unión y la gratitud.

2.2 | Cómo influyen los hábitos saludables en el cerebro ejecutivo

James Clear, autor del libro *Hábitos atómicos*, sostiene la idea de que pequeños cambios consistentes (hábitos atómicos) pueden generar grandes transformaciones a largo plazo. A su vez, afirma que los hábitos positivos, especialmente aquellos asociados con recompensas inmediatas estimulan la producción de dopamina, el neurotransmisor del placer y la motivación. La dopamina refuerza el circuito del hábito y hace más probable aún que se repita. Para el autor, este proceso permite que se vayan consolidando hábitos saludables y se vaya mejorando el estado de ánimo.

Por su lado, Charles Duhigg periodista y autor estadounidense del libro *El poder de los hábitos*, afirma que los hábitos funcionan a través de un bucle de tres pasos: señal, rutina y recompensa que se van repitiendo automáticamente. La *señal* es el desencadenante que activa el hábito y le indica al cerebro que debe poner en marcha la rutina automática. La señal puede ser externa o interna. Es interesante conocer qué señales activan nuestros buenos hábitos para así aprovecharlos a nuestro favor. La *rutina*, por su lado, es el comportamiento que realizas en respuesta a la señal. Puede ser una acción física, mental o emocional. Por ejemplo, frente a situaciones de mucha ansiedad (señal), saber que hacer cinco respiraciones profundas nos van a dar calma (rutina); también saber que al sentir mucho estrés (señal) luego de una larga jornada de trabajo salir a correr nos va a permitir sentirnos mucho mejor (rutina). La rutina es la parte visible del hábito y se vuelve automática con la repetición. Por último, *la recompensa* es el beneficio o placer que recibimos después de completarla. La recompensa puede ser física (placer en el cuerpo), emocional (alivio del estrés) o psicológica (una sensación de logro). La recompensa es lo que motiva al cerebro a repetir el hábito. Cada vez que obtenemos una recompensa, se libera dopamina y se refuerza la conexión entre la señal y la rutina. James Clear toma el mismo modelo del bucle y argumenta que los hábitos más duraderos son aquellos que están alineados con la identidad que deseamos construir y que el entorno tiene un papel principal en la formación de hábitos.

Desde su perspectiva, la Dra. Marian Rojas Estapé afirma que los hábitos diarios como el descanso adecuado, la respiración consciente o la desconexión digital ayudan a reducir los niveles de cortisol (la hormona del estrés) y a equilibrar el sistema nervioso. También destaca la importancia de la neuroplasticidad, que permite al cerebro adaptarse y cambiar según los hábitos que reforzamos.

Por su parte, desde la neurociencia aplicada que es lo que a mí me convoca, se ha demostrado que los hábitos saludables tienen un alto impacto en la estructura y función de nuestro cerebro. Moldean nuestras redes neuronales, influyen en la producción de neurotransmisores y afectan la forma en que pensamos, sentimos y tomamos decisiones. Es por ello que estos son fundamentales para reprogramar el cerebro, ya que el cambio a menudo ocurre a través de la repetición. Charles Duhigg, como ya he mencionado en el capítulo anterior, también afirma que establecer rutinas diarias que incluyan ejercicio, alimentación equilibrada y sueño de calidad pueden hacer la diferencia en nuestras vidas. Él hace hincapié en enfocarse en pequeños cambios consistentes en lugar de transformaciones drásticas. Los beneficios de las rutinas son múltiples. En primer lugar, una rutina simplifica y te ordena, es decir, te permite dejar de sobrepensar cada día cómo comenzar tu día. La repetición y la previsibilidad ayudan al cerebro a recuperar su ritmo circadiano y a reducir la carga cognitiva al no tener que decidir constantemente qué hacer. Luego, es superimportante definir horarios regulares para dormir, comer, trabajar y hacer ejercicio. Esto regula la producción de cortisol y melatonina, esenciales para el rendimiento. Cuando de rendimiento se trata, es muy importante cuidar tanto el descanso como la alimentación e hidratación.

La neurocientífica Tara Swart, a su vez, sostiene que el cerebro necesita descanso para consolidar recuerdos, procesar información y adaptarse a nuevos aprendizajes y rutinas. Durante el descanso, especialmente durante el sueño, se forman nuevas conexiones neuronales. El sueño profundo y de calidad es indispensable para la regeneración cerebral. Durante el sueño, el sistema glinfático del cerebro elimina toxinas acumuladas, como las proteínas beta-amiloides, relacionadas con el alzhéimer. Priorizar al menos 7-8 horas de sueño cada noche y establecer una rutina de sueño regular serán de gran utilidad para regresar a las exigencias nuevamente. También recomiendo durante las jornadas laborales, en la medida de lo posible, detenernos y tomar pausas de 5 a 10 minutos para realizar actividades relajantes como caminar, practicar respiración profunda o simplemente desconectarse de las pantallas. Por lo menos cuatro veces al día.

2.3 | Cómo activar nuestro foco para entrar en nuestras burbujas de concentración

En el mundo corporativo moderno, la concentración se ha vuelto uno de los intangibles más codiciados. Es un activo esencial tanto para líderes como para sus equipos. Permite que pensemos, creemos y desarrollemos proyectos de un modo eficiente. También nos facilita avanzar en la toma de decisiones de una forma estratégica y, a la vez, convertir problemas complejos en oportunidades. Impacta tanto el rendimiento individual como en el colectivo. Grandes y medianas empresas suelen invertir en crear entornos de trabajo cómodos, luminosos y minimalistas que favorezcan el enfoque y la productividad, dado que la *performance* impacta directamente en los resultados de la compañía. Sin embargo, es cierto que, en los contextos de alta exigencia, donde todos somos *multitasking*, estamos bajo mucha presión y distracciones constantes, mantener un enfoque adecuado puede ser un gran desafío. Por ello, desde la neurociencia aplicada, quiero compartir con ustedes claves prácticas que han sido fundamentales en mi vida personal y profesional para entrenar y optimizar mi concentración. De esta forma, pude lograr potenciar mi rendimiento cerebral y reduciendo mi agotamiento mental.

Como desarrollé en el capítulo anterior, nuestro cerebro no distingue entre lo real y lo imaginario; funciona en un 95 % de manera inconsciente y sólo un 5 % de forma consciente. Es aquí donde toma importancia nuestra neuroplasticidad cerebral, es decir, la capacidad de nuestro cerebro para reorganizarse formando nuevas conexiones neuronales. A través de prácticas como la meditación, atención plena y la visualización, es posible influir en este 5 % consciente para generar cambios positivos en nuestros patrones de pensamiento y comportamiento. De esta forma, logramos reprogramar nuestro cerebro para mejorar nuestro enfoque y eficiencia. Nuevamente, vuelvo al concepto desde donde partí. Somos nosotros los que tenemos la gran capacidad para entrenar nuestro cerebro desde el córtex prefrontal, lograr que funcione de manera eficiente, hacer foco y conectar todos los sentidos con cada tarea que estemos realizando. Según Swart, practicar la atención plena durante solo doce minutos al día puede aumentar la resiliencia mental y la capacidad de manejar el estrés.

Mientras la concentración focaliza nuestra mente en una tarea o estímulo específico, la atención plena nos permite ampliar la conciencia hacia el presente y aceptar lo que sucede sin tratar de modificarlo. La atención plena nos permite mejorar la concentración al entrenar la mente para estar más presente, enfocados y, a la vez, menos dispersos. Cuando alguien practica *mindfulness*, aprende a redirigir su atención a la tarea actual y reduce las distracciones internas y externas.

Entonces, entrenar cada día nuestra mente para lograr un cerebro saludable y feliz debería convertirse en nuestra prioridad. Sin dudas, comenzaremos a vivir desde la abundancia y la oportunidad. La práctica continua del *mindfulness* fortalece nuestra región del cerebro responsable de la concentración y la autorregulación. A su vez, disminuye el cortisol y ayuda a nuestra mente a mantenernos enfocados. De esta manera, se da un aumento tanto de la dopamina como de la acetilcolina, ambos neurotransmisores producidos y liberados por distintas áreas del cerebro. Los dos están implicados en la motivación y el enfoque sostenido. La dopamina ya ha sido explicada en los apartados anteriores. Por su lado, la acetilcolina es un neurotransmisor esencial en el sistema nervioso, responsable de la transmisión de señales entre neuronas y músculos. Su importancia radica en su influencia sobre el aprendizaje, la memoria, la atención y el control muscular. Es crucial para la formación de nuevos recuerdos y el proceso de aprendizaje. Mejora la capacidad de mantener el enfoque en tareas específicas y a realizar actividades cognitivamente exigentes. A su vez, participa en la creación de nuevas conexiones neuronales, lo que nos permite la adaptación y el aprendizaje continuo.

Durante los estados de concentración más profundos, las ondas cerebrales oscilan principalmente en las frecuencias *beta* y *alfa*. Las ondas cerebrales son patrones de actividad eléctrica en el cerebro que indican el estado mental de una persona. Existen diferentes tipos de ondas cerebrales que corresponden a distintos niveles de actividad y conciencia. Las ondas *beta* se activan durante la concentración intensa y el pensamiento lógico. Este estado es esencial para la resolución de problemas y el trabajo analítico. Por otro lado, las ondas *alfa* están asociadas con la calma y la creatividad. Mantener el equilibrio entre ambas ondas ayuda a los ejecutivos a evitar el estrés excesivo y, a la vez, facilita la generación de ideas innovadoras.

Tener esta información nos va a permitir comenzar a utilizar nuestro cerebro a nuestro favor. En este caso, por ejemplo, si necesitamos hacer una tarea creativa que nos desafíe a pensar *out of the box* y estar en modo calma, sabremos que hacer una meditación corta e incorporar técnicas de respiración profundas, antes de comenzar a trabajar, nos será de gran utilidad.

Dejo un ejercicio posible para lograr estados *alfa*:

Los invito a elegir un lugar de su casa donde se sientan a gusto y puedan estar en calma para hacer este ejercicio. Luego sería ideal poner una melodía suave que les transmita paz o tan solo que puedan conectarse con el silencio. Les sugiero, además, prender una vela aromática que les transmita una sensación de bienestar y que en ese momento cierren sus ojos. En ese estado y en ese lugar, los animo a hacer cinco respiraciones profundas, lentas y largas. Ir desde su mente y con su imaginación a situaciones de su vida donde hayan estado en calma y hayan sido muy felices para lograr recrearlos desde su mente. También pueden tan solo imaginar situaciones que les den paz. Si lo hacen con sus cinco sentidos, sus cerebros percibirán estos momentos como reales. De este modo, promoverán la frecuencia *alfa*.

También es importante saber que nuestro cerebro trabaja en ciclos ultradianos de 90 a 120 minutos durante los cuales puede mantener un enfoque profundo. Después de este período, necesita una breve pausa para restablecerse y evitar saturarse. En este sentido, es que sugiero incorporar a sus rutinas pausas activas de 10 a 15 minutos después de cada período de trabajo profundo. Cuando se trate de alto rendimiento les propongo que las pausas sean aún más largas. Esto lo desarrollaré en el capítulo de alto rendimiento ejecutivo. Realizar actividades relajantes como caminar, hacer ejercicios de respiración o escuchar música para salir del modo analítico de mucha exigencia de las ondas *beta*.

Tips de neurociencia para entrar en modo concentración

1. **Bloquearnos horarios**: reservar bloques específicos para tareas cognitivamente exigentes y eliminarlas del entorno multitarea. Las mañanas luego de hacer deporte y meditar son el momento donde estamos

más lúcidos y creativos para esto. Earl Miller, neurocientífico del MIT, demostró que el cerebro solo puede enfocarse en una tarea compleja a la vez. Cuando intentamos hacer varias tareas cognitivas simultáneamente, el rendimiento disminuye porque el cerebro tiene que dividir su atención. Cada vez que cambiamos de una tarea a otra, una parte del cerebro sigue ocupada con la tarea anterior, lo que reduce el rendimiento en la nueva tarea además de generar fatiga mental.

2. **Regla de las 4 horas de** *Newport*: la concentración profunda no puede sostenerse indefinidamente. Limitar las tareas de alta exigencia a 3-4 horas al día es una noción destacada por Cal Newport, autor del libro *Deep Work: Rules for Focused Success in a Distracted World*. Él sostiene que, dada la naturaleza exigente del trabajo profundo, la mayoría de las personas no podemos sostener más de cuatro horas de este tipo de esfuerzo en un solo día. Enfatiza en la importancia de estructurar el día para maximizar los períodos de trabajo profundo, y sugiere la creación de rituales y rutinas que permitan eliminar distracciones y mantener un enfoque sostenido durante estas sesiones limitadas.

3. **Desconexión digital:** eliminar notificaciones y reducir el tiempo en redes sociales para evitar interrupciones.

4. **Alimentación y concentración:** la dieta influye directamente en el rendimiento cognitivo. Algunos alimentos claves son: el omega-3. Se encuentra, por ejemplo, en el salmón, las nueces, las semillas de chía y las semillas de lino que mejoran la conectividad neuronal; los antioxidantes, como las frutas y verduras que protegen el cerebro del estrés oxidativo; y el agua, ya que mantener la hidratación es una clave esencial para la eficiencia cerebral.

Ejercicio para lograr concentrarnos

Ejercicio de visualización para lograr entrar en burbujas de concentración: imaginar tareas complejas antes de realizarlas activa las mismas áreas cerebrales involucradas en su ejecución real. Por ello, los invito a que todas las mañanas, antes de comenzar el día o bien antes de comenzar a trabajar en un proyecto desafiante, cierren los ojos, hagan diez respiraciones profundas y se visualicen disfrutando de ese proyecto con todos sus sentidos. Para el cerebro va a ser como si lo estuvieran haciendo y esto hará que al momento de buscar entrar en este estado nos sea más fácil. Usar elementos de anclaje también es superútil. Por ejemplo, un aroma, un lugar, una música, o la combinación de todo. El cerebro comienza a asociar esas sensaciones a un lugar propicio para concentrarnos y cuando lo volvemos a crear nos es más fácil entrar en burbujas de concentración

2.4 | Prácticas con evidencia científica para cultivar nuestro bienestar: el deporte, la meditación y la respiración

La neurociencia ha demostrado que existen ciertas prácticas de bienestar que cuentan con evidencia científica respecto a que pueden mejorar significativamente nuestro bienestar mental y físico. Entre ellas encontramos al deporte, la meditación y la respiración consciente. Actividades que tienen un impacto directo en nuestra función cerebral, nuestra regulación emocional y en la reducción del estrés.

El impacto del deporte en el bienestar según la neurociencia

El psiquiatra y neurocientífico John Ratey, profesor de psiquiatría en la Escuela de Medicina de *Harvard*, ha investigado en detalle el ejercicio físico y sus efectos en el cerebro humano. En su libro *Spark: The Revolutionary New Science of Exercise and the Brain*, presenta evidencia científica que destaca cómo la actividad física regular beneficia diversas funciones cerebrales. No solo mejora la salud física, sino que es uno de los mecanismos más poderosos para optimizar nuestra función cerebral, nuestra concentración, nuestra memoria y nuestra regulación emocional. Define a la actividad física como un milagro para nuestro cerebro porque es la gran encargada de estimular nuestra neuroplasticidad, el aprendizaje y el equilibrio químico del sistema nervioso. Según sus investigaciones, no solo cambia el cuerpo, sino que literalmente remodela nuestro cerebro. Actúa fortaleciendo nuestro córtex prefrontal, mejorando nuestra autorregulación emocional y toma de decisiones. Además, aumenta la producción de neurotransmisores como la dopamina y serotonina que son esenciales para nuestra motivación y buen estado de ánimo. Por último, reduce la inflamación cerebral, clave en la prevención de enfermedades neurodegenerativas, siendo considerado por él como el mejor antidepresivo y ansiolítico natural. Libera endorfinas y dopamina y es por ello que mejora nuestro estado de ánimo y reduce nuestra ansiedad. Aumenta el BDNF (factor neurotrófico derivado del cerebro) que es el que favorece la plasticidad neuronal, ayuda en el aprendizaje y la recuperación del estrés. También, reduce el cortisol y disminuye los efectos negativos del estrés crónico.

A su vez, nuestro cerebro funciona como un sistema eléctrico y químico que depende de neurotransmisores y conexiones neuronales que afectan varias áreas clave del cerebro. Entre ellas, se encuentran la corteza prefrontal, responsable de la toma de decisiones y el autocontrol, el hipocampo que es el centro de la memoria y el aprendizaje (que se beneficia poderosamente por el ejercicio aeróbico) y los ganglios basales relacionados con la motivación y la acción.

Diseñar nuestras rutinas diarias de bienestar es la clave para empezar a vivir con mayor plenitud. Iniciar el día con cinco minutos de meditación y agradecimiento, seguido de ejercicio aeróbico al menos tres veces por semana, no solo fortalece nuestra mente y cuerpo, sino que también potencia la neuroplasticidad y optimiza nuestra capacidad de aprendizaje, enfoque y bienestar emocional.

Recomiendo que planifiquen dedicar tres días de 30 a 45 minutos de ejercicio aeróbico por semana intercalado con dos días de ejercicios de fuerza. Caminar, muchas veces es una muy buena opción. Comenzar a reemplazar trayectos que hacemos en auto por pasos es muy bueno para mejorar la memoria y la concentración.

Por su lado, la Dra. Wendy Suzuki, profesora de Psicología y Neurociencia en el *Center for Neural Science de la Universidad de Nueva York*, ha dedicado gran parte de su carrera a investigar cómo el ejercicio físico influye en la salud cerebral y el bienestar emocional. Ella ha explorado el concepto de la buena ansiedad como una emoción incomprendida y dice que la misma, cuando se maneja adecuadamente, puede convertirse en una aliada para nuestro crecimiento personal y nuestra productividad.

También destaca que la ansiedad es una respuesta evolutiva esencial para nuestra supervivencia, diseñada para alertarnos sobre posibles amenazas y prepararnos para enfrentarlas. Del mismo modo que lo venimos haciendo a lo largo de estas páginas, ella observa que en el contexto moderno esta respuesta puede activarse en situaciones que no representan un peligro real. Lo que puede generar estrés y preocupación excesivos. Por ello, recomienda técnicas como la actividad física, la meditación y la reestructuración cognitiva para canalizar la energía de la ansiedad de manera constructiva. El ejercicio regular ayuda a reducir los niveles de cortisol, la hormona del estrés, y promueve la liberación de endorfinas. Esto mejora nuestro estado de ánimo y nuestra resiliencia emocional, clave para avanzar en la vida. La meditación como práctica milenaria contribuye a calmar nuestra mente, aumenta la conciencia plena y permite una mejor gestión de los pensamientos ansiosos. Por último, la reestructuración cognitiva consiste en identificar y modificar patrones de pensamiento negativos o distorsionados para fomentar una perspectiva más equilibrada y constructiva frente a las situaciones que nos generan ansiedad. Dicha perspectiva se logra si somos antes capaces de desarrollar un alto grado de autoconciencia. Para esto, necesitamos llevar cuadernos diarios de escritura para hacer anotaciones.

La meditación

El Dr. Richard J. Davidson, distinguido psicólogo y psiquiatra de la Universidad de Wisconsin–Madison, ha investigado los efectos de la meditación en el cerebro y el bienestar emocional liderando estudios que demuestran cómo las prácticas contemplativas pueden inducir cambios positivos en la estructura y función cerebral. Su evidencia científica más potente ha quedado asentada en su libro con Daniel Goleman, *Altered Traits,* donde ambos recopilan estudios que demuestran cómo la meditación regular puede producir cambios duraderos en el cerebro, mejorar el bienestar general y la respuesta al estrés. Sus trabajos sostienen que la práctica regular de la meditación fortalece áreas cerebrales asociadas con la atención, la regulación emocional y la empatía. Plantean que los meditadores experimentados exhiben una mayor actividad en la corteza prefrontal que, como se dijo antes, es una región vinculada al control de la atención y la toma de decisiones. A su vez, sostienen que la meditación fortalece la resiliencia emocional porque puede mejorar la capacidad de recuperación emocional ante situaciones adversas. Observan que los meditadores, a largo plazo, muestran una recuperación más rápida en las áreas del cerebro relacionadas con la emoción y la toma de decisiones. Respecto a la atención y concentración, concluyen que la meditación también mejora la capacidad de atención y reduce la propensión a la distracción. Incluso períodos cortos de entrenamiento en meditación pueden conducir a mejoras en la atención sostenida y en la capacidad de concentrarse en tareas específicas. Por último, han explorado cómo la meditación enfocada en la compasión y el amor bondadoso puede aumentar los sentimientos de empatía y conductas altruistas.

En resumen, los aportes de Davidson y Goleman han sido fundamentales para comprender que la meditación puede remodelar el cerebro gracias a su capacidad de neuroplasticidad, y no solo produce estados temporales de relajación, sino que puede llevar a cambios duraderos en los rasgos de personalidad. En sus investigaciones, han identificado cuatro componentes claves que la meditación puede fortalecer. La conciencia, que nos permite mejorar la atención plena y la percepción del presente; la conexión que fomenta las relaciones sociales positivas nuestras con nuestro entorno y ayuda a establecer vínculos a través de la empatía; la perspectiva donde desarrollamos una visión equilibrada de uno mismo y del mundo; y, por último, el propósito dónde delineamos nuestras metas y sentido de vida.

Recomiendo comenzar a practicar diariamente meditaciones de apreciación, de escaneo corporal y/o de atención a la respiración para entrar en estados de calma y enfoque. Cuando hacemos esto parte de nuestros hábitos nuestra vida comienza a cambiar y comenzamos a percibirlo en las pequeñas cosas. Nos empezamos a dar cuenta de que estamos más atentos al momento presente, que podemos disfrutar de nuestras tareas y hasta prestar atención a detalles que antes pasaban desapercibidos.

La respiración como herramienta para el bienestar mental

La neurocientífica española Nazareth Castellanos ha investigado la conexión entre la respiración y el cerebro. Ella hace hincapié en cómo una respiración adecuada influye en nuestras funciones cognitivas y emocionales. Describe a la respiración como un marcapasos que guía nuestros ritmos neuronales. Sostiene que, en la inspiración, cuando hacemos la inhalación por la nariz enviamos señales eléctricas al hipocampo, que es una región cerebral crucial para nuestra memoria. Este proceso sincroniza nuestra actividad neuronal, facilitando la consolidación de recuerdos y mejorando nuestra atención. Una respiración regular y consciente promueve esta sincronización, optimizando nuestras funciones cerebrales. De aquí la importancia de incorporar a nuestras rutinas el hábito diario de destinar cinco minutos por día a practicar respiraciones profundas conscientes como modo de entrenar nuestro cerebro. En consecuencia, incorporar técnicas de respiración lentas y conscientes puede mejorar notablemente nuestra capacidad de concentración y nuestro rendimiento cognitivo general. Además, va cultivando una herramienta poderosa para lograr estados de calma.

Para aprovechar los beneficios de una respiración adecuada, la neurocientífica sugiere dos *tips*. Por un lado, que ralenticemos nuestra respiración. Es decir que seamos capaces de disminuir nuestra frecuencia respiratoria a menos de diez respiraciones por minuto, ya que esto puede traernos efectos analgésicos y a su vez mejorar nuestra función cognitiva. Las funciones cognitivas son los procesos mentales que nos permiten interactuar eficazmente con nuestro entorno, facilitando tareas como la percepción, la atención, la memoria, el lenguaje y la toma de decisiones. El otro *tip* consiste en tomar conciencia plena de nuestra respiración. Es decir, estar atentos a nuestro proceso respiratorio, observando cómo el aire entra y sale de nuestro cuerpo, fortalece nuestra conexión mente-cuerpo y promueve nuestra autorregulación emocional.

Ejercicio de respiración consciente para ayudarte a reducir la frecuencia respiratoria y fomentar una mayor conciencia corporal y emocional

Encuentren un lugar tranquilo dentro de su casa o su oficina donde puedan estar cómodos. Siéntense con los pies sobre el piso y coloquen una mano sobre el abdomen y la otra sobre el pecho. Inhalen lentamente por la nariz durante 4 segundos, llevando el aire hacia el abdomen sintiendo cómo la mano sobre el abdomen se eleva. Luego retengan el aire en los pulmones durante 2 segundos y exhalen suavemente por la boca durante 6 segundos, frunciendo ligeramente los labios como si soplaran. Sientan cómo la mano sobre el abdomen desciende lentamente. Vuelva a repetir el ciclo luego de dos segundos. Puedes realizar este ciclo respiratorio completo (inhalar, pausa, exhalar, pausa) durante 5 minutos. Pueden, además, mientras hacen el ejercicio, practicar su atención plena enfocando su mente en las sensaciones de la respiración. Es decir, sentir el flujo de aire cuando entra y sale de su cuerpo, el movimiento del abdomen y las pausas entre respiraciones. Si sus mentes divagan o se distraen suavemente redirijan su atención a la respiración.

Este ejercicio es ideal hacerlo dos veces al día, preferentemente por la mañana y antes de dormir, para obtener mejores resultados.

A su vez, nuestra respiración también juega un papel esencial en nuestra regulación emocional. Nos permite anclarnos en el momento presente cuando estamos atravesando momentos de mucho estrés o ansiedad para así salir de dichos estados. La respiración adecuada puede activar el sistema nervioso parasimpático, inducir estados de calma y reducir altos niveles de preocupación y angustia. Esta regulación emocional es fundamental para mantener nuestra paz mental y promover nuestro bienestar general.

Castellanos enfatiza en la relevancia de respirar por la nariz en lugar de la boca. La respiración nasal no solo filtra y humidifica el aire, sino que también optimiza la oxigenación cerebral y la comunicación entre diferentes regiones del cerebro. Fomentar hábitos de respiración nasal puede tener beneficios significativos en la salud mental y cognitiva.

A su vez, quiero aquí introducir una autora que marcó un antes y un después en mi vida respecto a mi forma de conectarme con el bienestar a través de la respiración y con quién también tuve la suerte de estudiar: la doctora australiana Libby Weaver. Ella me enseñó a prestar especial atención a la forma en la que yo vivía. Me invitó a conectarme con mi plena autoconciencia desde la respiración y a desarrollarla con el fin de comenzar a transformarla para vivir lo más cercano posible a la suavidad de la calma. No ha sido casual que llegó a mi vida en el mismo momento en el que yo estaba comenzando a desarrollar exponencialmente mi lado más espiritual meditando de la mano de Gabrielle Bernstein, *best seller* en el *New York Times* (y con quién luego también me formé). Al mismo tiempo yo estaba comenzando a estudiar *health coaching* en Nueva York en IIN (*Institute for Integrative Nutrition*). Cuando nos abrimos a lo nuevo muchas veces la vida nos sorprende y nos enseña que existen otras maneras de ver y hacer las cosas. Esta capacidad de sumergirnos en lo novedoso es lo que nutre a nuestro cerebro y le permite transformarse. Yo no tenía nada que perder, más bien todo por ganar y, en ese entonces, estaba con mis cinco sentidos abiertos para absorber todo lo que podía ayudarme a vivir mejor. Se trataba de un año muy especial para la humanidad. El año 2021 en plena pandemia lleno de incertidumbres e interrogantes, donde cada uno de nosotros tomaba y elegía el rumbo que podía. En mi caso, luego de un año 2020 de encierro en Buenos Aires, nos habíamos decidido a cruzar al otro lado del charco, ya que mi marido es uruguayo y me insistía en ir a su país. Y fue en un abrir y cerrar de ojos que decidimos también quedarnos 3 años en nuestro hermoso y calmo país vecino, Uruguay. Llevábamos una valija con ropa para los tres y no mucho más. La idea era ir un mes, pero en ese contexto nada de lo probable era predecible, y fue así como, nuevamente y sin mucho pensarlo, decidimos que ese iba ser nuestro destino por unos meses más. No me arrepiento para nada de aquella decisión. Es más, supongo que fue el inicio de poder construir mi actual presente, y es por ello que le estaré eternamente agradecida. En ese vaivén tuvimos que repensar muchas cosas. Donde vivir, colegio para nuestra hija, trabajo, qué hacer con nuestras cosas. Pero, paso a paso, todo comenzó a fluir y acomodarse. Era una época de mucha incertidumbre y decidimos transitar eligiendo lo que pensábamos en nuestro interior que era nuestra mejor opción. Logramos hasta cerrar nuestra casa de Buenos Aires a distancia ya que cruzar nos implicaba tal vez no poder volver a Uruguay. Era dejar un montón de cosas atrás. Lo más importante era que estábamos los tres juntos. Ha sido un gran aprendizaje, pero tal vez lo más importante fue animarse. Animarse a lo incierto dentro de tanta duda alrededor del mundo. En lo personal, fueron días de mucha introspección, de mucha búsqueda y de mucho sentir. Como a todos, me pasó de todo. Nos pasó de todo. Pero fue el comienzo de una nueva forma de vivir y relacionarse con el mundo y mi entorno. No fue fácil, hubo momentos duros, hubo momentos lindos, momentos de soledad y momentos de encontrarme rodeada de gente nueva, pero yo confiaba que toda esta experiencia en algún momento cercano se iba a capitalizar. Y así fue. Todo esto que fue posible, nos hizo crecer tanto a nivel personal como familiar de una forma increíble. Fue en ese entonces cuando decidí meterme de lleno en la posibilidad de explorar nuevas técnicas, cursos y herramientas que me permitieran construir mi nueva realidad. Una realidad donde todo estaba por descubrirse. Aún hoy la vida me sorprende con caminos y puertas que se abren. Son nuestras infinitas oportunidades que están del otro lado listas para que las exploremos. Somos capaces de quedarnos atrapados en nuestro piloto automático del miedo y la preocupación, o capaces de entrenar nuestra mente desde todas las técnicas que les vengo compartiendo para potenciarlos y lograr nuestra mejor versión. Una nueva versión posible con todo por diseñar y descubrir. Nuestra mente es tan poderosa que tiene la gran habilidad de llevarnos a los lugares más oscuros o a los lugares más luminosos. Depende de nosotros entrenarla para ir por nuestra mejor versión.

La Dra. Libby, bioquímica nutricional de profesión, me enseñaba en aquel entonces algo que ella venía estudiando desde la medicina hace ya muchos años. Ella decía que nuestro sistema nervioso autónomo funcionaba en dos estados o zonas. En la *red zone* o zona roja y en la *green zone* o zona verde. Según ella, estamos en la zona roja cuando se activa nuestro sistema nervioso simpático, comúnmente conocido como la respuesta de lucha o huida, por encontrarnos en situaciones de estrés o de peligro. En este estado, nuestro cuerpo se prepara para enfrentar las amenazas percibidas, ya sean reales o imaginarias, y esto nos puede llevar de forma automática a una serie de respuestas fisiológicas que consiguen: aumentar nuestra frecuencia cardíaca, elevar nuestra presión arterial, hacer que liberemos hormonas del estrés, como el cortisol, o tensionar nuestros músculos.

Por otro lado, ella sostiene que la zona verde corresponde a la activación del sistema nervioso parasimpático, responsable de las funciones de descanso y digestión, y que son las encargadas de llevarnos a estados de calma, relajación y recuperación. Se caracteriza por ser una zona que nos permite disminuir nuestra frecuencia cardíaca, reducir nuestra presión arterial, promover nuestra digestión y otras funciones reparadoras, llevándonos a una sensación general de calma y bienestar.

Ella ha observado que, en la sociedad moderna actual, muchas personas pasamos gran parte de nuestro tiempo en la zona roja debido al estrés constante con el que vivimos y las grandes demandas diarias a las que estamos expuestos de manera constante. Ante esto se da cuenta de que esta permanencia prolongada en estados de alerta puede conducirnos a estados de agotamiento físico y mental altos. Es entonces, para contrarrestar esto, donde ella recomienda prácticas que fomenten la transición hacia la zona verde, siendo la respiración profunda y consciente una de las herramientas más efectivas para hacerlo posible.

Según la Dra. Libby, la única técnica comprobada científicamente para comunicar al cuerpo que estamos calmados es la respiración profunda diafragmática con una exhalación prolongada. Tal como adelanté en el capítulo 1, la respiración diafragmática es para mí, la reina de las respiraciones. Esta forma de respiración activa el sistema nervioso parasimpático, ayuda a reducir los niveles de adrenalina y promueve un estado de tranquilidad. Como ya he mencionado antes, incorporar ejercicios de respiración consciente en nuestras rutinas diarias puede facilitar nuestra gestión del estrés y mejorar nuestro bienestar general.

Ella enfatiza en la importancia de fomentar esta transición hacia la zona verde para contrarrestar los efectos del estrés crónico y promover una mejor salud física y mental en general. Las estrategias prácticas que ella recomienda para esta transición son las que venimos viendo a lo largo de este libro. Utilizar la respiración profunda y consciente con exhalaciones largas para activar nuestro sistema nervioso parasimpático, promoviendo la relajación. Practicar ejercicio físico de forma regular para liberar tensiones y reducir nuestros niveles de cortisol. Utilizar técnicas de *mindfulness* o atención plena, practicar meditaciones y estar presentes en el momento actual para lograr disminuir la respuesta al estrés. Descansar de forma adecuada todos los días para recuperar nuestro equilibrio del sistema nervioso. Insiste en que implementar estas estrategias puede ayudar a las personas a gestionar mejor el estrés y a mantener un equilibrio saludable entre la zona roja y la zona verde.

Por último, quiero agregar algo que para mí ha tenido mucho sentido. Cuando aprendí lo que ella tan apasionadamente me enseñó, inmediatamente busqué llevarlo a la práctica de mi vida. Comencé a estar atenta y percibir de qué manera vivía, y me di cuenta que estaba de forma constante en la zona roja. Percibía que muchas situaciones de mi vida cotidiana me llevaban hacia ese lugar. Muchas veces no lo notamos, pero cosas básicas nos afectan y nos hacen vivir en la zona de estrés. El tráfico y sus embotellamientos habituales que nos demoran cuando estamos llegando tarde a una reunión, un llamado desalentador ya sea por algo simple o relevante, discusiones básicas con nuestro marido, mujer e hijos, cuando vemos la bandeja de entrada de mails llena sin responder, saber que tenemos muchos pendientes sin terminar, más todos aquellos momentos donde nos imaginamos cosas negativas. En conclusión, nos pasamos la mayor parte de nuestros días atrapados en patrones automáticos y estamos de forma constante generando cortisol. Entonces, si comenzamos a ser conscientes de que el solo hecho de tomar consciencia, poder frenar, y dedicarle 5 minutos a hacer respiraciones diafragmáticas con exhalaciones más largas, esto nos va a permitir salir de la zona de estrés y llevarnos a la zona de calma. Será un antes y un después en nuestras vidas.

En síntesis, podemos afirmar que la neurociencia confirma que el deporte, la meditación y la respiración no son sólo hábitos saludables, sino herramientas científicamente validadas para mejorar la concentración, el bienestar emocional y la salud mental. Incorporar estas prácticas en la rutina diaria puede potenciar nuestro rendimiento cognitivo y nuestra calidad de vida de manera sostenible.

2.5 | Prácticas claves hacia el bienestar: la autoconciencia, la escritura y el agradecimiento

La autoconciencia, como he venido adelantando, consiste en la capacidad que tenemos de reconocernos a nosotros mismos, y conectarnos con nuestras emociones y pensamientos. Desde una perspectiva neurocientífica, esta habilidad se vincula con la actividad de la corteza prefrontal, área de nuestro cerebro encargada de las funciones ejecutivas y de autorreflexión. Desarrollar nuestra autoconciencia nos va a permitir ir mejorando nuestra regulación emocional y la toma de decisiones. Cuanto más la cultivamos, más capaces somos de regularnos ante distintas situaciones. Tal como expuse en el apartado anterior, darnos cuenta de qué es lo que nos sucede nos da la posibilidad de poder tomar una u otra acción. Como, por ejemplo, pasar de un estado de estrés a un estado de calma tan solo desde la respiración diafragmática. En cambio, si vivimos sin registrar lo que nos sucede, es imposible lograr que nuestra vida se transforme de un modo positivo. Es a partir de nosotros mismos y nuestras experiencias que logramos, desde nuestro cambio de comportamiento, modificar nuestra realidad.

Muchas veces no nos damos cuenta de que la prisa con la que solemos vivir puede llevar a nuestro cerebro a un estado de constante alerta, alarma y estrés. Por ello, es que vengo a introducirles la práctica de la escritura diaria o *journaling*, como una herramienta muy poderosa para cultivar nuestro autoconocimiento y permitirnos comenzar a conectarnos con nuestro potente presente y la infinita posibilidad que tenemos de comenzar a gestionar nuestras propias emociones desde la calma. Escribir en un diario, cada día, nos permite detectar nuestros patrones de pensamiento y comportamientos y lograr ir encontrando nuestros puntos débiles. Además, nos da la maravillosa posibilidad de conectarnos con nuestro inconsciente y lograr hacerlo consciente, y, de esta forma, permitirnos apropiarnos de nuestras conductas y elecciones. Escribir sobre nuestras experiencias y emociones facilita la organización de nuestros pensamientos y promueve nuestra mayor claridad mental. Esta actividad activa áreas cerebrales relacionadas con el procesamiento emocional y la memoria y contribuye a una mejor comprensión de uno mismo. Además, la escritura nos puede ayudar a reducir el estrés y mejorar el bienestar general.

Llevar un libro de escritura diaria nos permitirá organizarnos de una manera más eficiente respecto a nuestras emociones y lograr mejorar nuestro bienestar tanto físico como mental. Al mismo tiempo, nos permitirá volvernos más empáticos con nuestro entorno para, de esta forma, comenzar a relacionarnos tanto con nuestro mundo interior como con el exterior de una forma más constructiva y armoniosa.

Julia Cameron, en su libro *The Artist's Way* introduce a las *morning pages*. En español significa páginas matutinas y ella plantea que es una herramienta poderosa para fomentar la autoconciencia y desbloquear nuestro potencial creativo. Su práctica consiste en escribir, a mano, tres páginas cada mañana, sin preocuparse por la calidad o coherencia del contenido. El objetivo es liberar la mente de pensamientos recurrentes o negativos, facilitando la claridad mental y desbloqueando la creatividad.

Por su lado, Tim Ferriss, autor y *best seller* del *New York Times*, también ha incorporado esta práctica matutina a su vida, inspirado por las *morning pages* de Julia Cameron. Él adaptó esta técnica en su rutina diaria e hizo especial énfasis en sus beneficios, tanto para su claridad mental como para su gestión emocional. Él, en su obra más destacada, *The 4-Hour Workweek*, propone métodos para aumentar la productividad y reducir las horas de trabajo. Para lograr que las personas diseñen una vida con más libertad y plenitud. En esta sintonía, también destaca que la práctica de la escritura matutina es una herramienta esencial para el bienestar mental y la productividad.

Ferriss argumenta que la escritura actúa como una válvula de escape para nuestras preocupaciones y ansiedades, permitiéndonos reducir el estrés diario, a la vez que fomenta nuestra creatividad.

En mi caso, la escritura ha sido un trampolín hacia la calma. Haberle puesto palabras a lo que iba sintiendo cada mañana ha sido una manera potente y efectiva de apagar las emociones negativas que muchas veces me invadían y acompañaban. He descubierto, en aquel entonces, sin querer, la gran herramienta de la escritura como la posibilidad de hacer explícito o consciente el gran peso que me acompañaba desde hace años. Es cierto que, a las personas, comprender lo que nos sucede nos calma y nos permite vivir más livianos. Y es entonces, desde esa paz, que podemos construir. Los invito a cada uno de ustedes a llevar un diario de sus días como cuando éramos pequeños.

Los estudios demuestran que escribir en un diario implica poner palabras a nuestros sentimientos. Esto hace que disminuya la actividad de nuestra amígdala y, a la vez, incrementa la actividad de la corteza prefrontal que nos ayuda a regular nuestras emociones. Nos permite etiquetar emociones.

Dejo aquí un ejercicio que podemos hacer como líderes, junto a nuestros equipos, para mejorar nuestra autoconciencia e inteligencia emocional a través de la escritura.

Armar un diario donde cada día escribamos:

1. Cómo estamos. 2. Cómo nos sentimos. 3. Cómo impacta nuestro estado de ánimo en nuestras decisiones. 4. Pensar y escribir si nuestro estado de ánimo influye

en nuestra interacción con otras personas hoy. 5. Qué lecciones hemos aprendido esta semana.

La positividad nos vuelve más equilibrados y esto lo llevamos a la organización donde trabajamos.

FLOR BOND

Escritura diaria matutina

Te invito a escribir cada día todo lo que sientes. Así haces consciente lo inconsciente.

Sumar también cinco minutos de conectarnos, en nuestro diálogo interno con afirmaciones que nos empoderan, nos será de gran utilidad. Y combinarlo con la práctica de intencionar el día que queramos tener, es la combinación perfecta para comenzar a programar nuestra mente hacia nuestro bienestar.

Afirmaciones matutinas

- Hoy es un nuevo día para brillar.
- Hoy será un gran día.
- Estoy lleno de energía, vitalidad y amor.
- Espero grandes experiencias en este día.
- Elijo estar presente y disfrutar de todo lo milagroso que suceda a mi alrededor
- La vida me dará grandes oportunidades.
- Creo en mi mismo.
- Me agradezco por todo lo maravilloso que soy.
- Ser positivo atrae cosas positivas.
- Todo está bien.

Continuar cada uno con sus afirmaciones.

Establece tus intenciones para comenzar tu día:

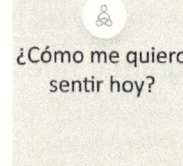
¿Cómo me quiero sentir hoy?

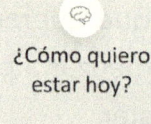
¿Cómo quiero estar hoy?

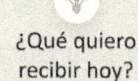
¿Qué quiero recibir hoy?

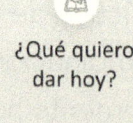
¿Qué quiero dar hoy?

En este orden de ideas, quiero también aquí introducir

otra práctica que cambió mi vida para siempre. Ella es la maravillosa gratitud, definida como la gran capacidad que tenemos las personas de apreciar, valorar y conectarnos con lo milagroso que nos da la vida. Esta práctica increíble tiene efectos positivos tanto en nuestro cerebro como en nuestro bienestar emocional. Expresar agradecimiento de forma diaria nos activa el sistema de recompensa del cerebro, liberando neurotransmisores como la dopamina y la serotonina, que generan sensaciones de placer y felicidad. Numerosos estudios han demostrado que las personas que practican regularmente la gratitud experimentan una mayor satisfacción con la vida y una mejor salud mental. Incorporar hábitos como conectarnos cada mañana con la oportunidad de agradecer cosas bonitas de nuestra vida y/o llevar un diario de gratitud puede fortalecer estas áreas cerebrales y promovernos un estado mental más optimista y positivo. Recomiendo altamente integrar estas prácticas en nuestras rutinas cotidianas. De esta forma, comenzaremos a percibir, según la neurociencia, mejoras significativas en nuestro bienestar mental y emocional.

Ejercicio

Propongo que los líderes y sus equipos lleven un diario de gratitud matutino como una herramienta poderosa para cultivar una mente fuerte y resiliente. Consiste en un registro para nosotros mismos de nuestros logros y los de nuestro equipo dentro de la organización en la que trabajamos. Nos va a permitir alcanzar un *mindset* abundante y positivo, atento, determinado y menos negativo de nuestro entorno y realidad. Nuestra energía es lo más valioso que tenemos. Por ello, mantenernos en estado de gratitud nos va a posibilitar tener efectos positivos en nuestro sistema inmune y renovar nuestro cerebro hacia nuestra inteligencia emocional. Donde pongamos el foco está la clave para nuestro éxito.

En síntesis, podemos apreciar como la integración de prácticas como la autoconciencia, la escritura diaria y la gratitud a nuestras vidas tiene un impacto significativo en nuestro bienestar general. La autoconciencia, vinculada a la actividad de la corteza prefrontal, mejora nuestra regulación emocional y nuestra capacidad de toma de decisiones. La escritura diaria facilita la organización de nuestros pensamientos y reduce el estrés, promoviendo una mayor claridad mental. Por último, la gratitud activa el sistema de recompensa del cerebro, liberando neurotransmisores que generan sensaciones de placer y felicidad. Esto está asociado con una mayor satisfacción con la vida y una mejor salud mental. Incorporar estos hábitos en nuestra rutina diaria de líderes puede conducir a una vida más equilibrada y plena.

✿ Diario de agradecimiento

01 Cinco cosas de mi vida que puedo agradecer hoy:

02 Tres virtudes mías que puedo agradecer:

03 Personas con las que me siento agradecida hoy:

04 Qué aprendí hoy que quiero agradecer:

CAPÍTULO 3

SECRETOS PARA LLEVAR NUESTRO CEREBRO A SU ALTO RENDIMIENTO

3.1 | ¿Qué es la neuroplasticidad y cómo podemos beneficiarnos de ella en el mundo ejecutivo y en la vida diaria?

Durante mucho tiempo, la ciencia consideró que nuestro cerebro era una estructura rígida y que, al llegar a la edad adulta, su capacidad de cambiar era limitada. Sin embargo, los avances en neurociencia han demostrado que nuestro cerebro es altamente flexible y adaptable a lo largo de toda la vida. Esta capacidad de transformación y reorganización neuronal es la que se conoce hoy en día como neuroplasticidad.

Santiago Ramón y Cajal, científico, médico e histólogo español, ha sido considerado el padre de la neurociencia moderna porque sus trabajos hacia finales del siglo XIX y principios del siglo XX revolucionaron el estudio del cerebro y el sistema nervioso y sentaron las bases para la comprensión de la estructura y función de las neuronas. A la vez, fue el pionero en la comprensión de la plasticidad neuronal que es lo que aquí nos convoca. Si bien no fue él quien formuló el concepto de neuroplasticidad tal como lo entendemos hoy, su gran trabajo e investigación fueron claves para establecer la doctrina de las neuronas. Demostró que son células individuales y no están fusionadas en una red continua, como se creía en su época. Por cierto, sí fue él quien planteó una idea fundamental que consiste en que el cerebro no es una estructura fija y estática, sino que tiene la capacidad de modificar sus conexiones a lo largo del tiempo. A su vez, describió cómo las neuronas desarrollan nuevas conexiones y ramificaciones en respuesta a la experiencia y el aprendizaje, un principio básico de la neuroplasticidad. También es conocido por una célebre frase que dijo en su libro *Recuerdos de mi vida*, publicado en 1917, donde afirmó que todos podemos ser escultores de nuestro propio cerebro.

Ahora bien, el término neuroplasticidad comenzó a usarse de modo formal recién en las décadas de 1940 y 1960, con científicos como Donald Hebb y Michael Merzenich, los investigadores más influyentes en la plasticidad cerebral en la segunda mitad del siglo XX.

Hoy en día, podemos definirla como la habilidad de nuestro cerebro para formar y reorganizar conexiones sinápticas en respuesta al aprendizaje, la experiencia y el entorno. En términos sencillos, significa que somos capaces de entrenar nuestro cerebro, de la misma manera que entrenamos nuestro cuerpo en el gimnasio, para mejorar sus habilidades, cambiar sus hábitos y desarrollar nuevas formas de pensar y actuar. Esto es relevante en todos los ámbitos de nuestra vida y, en especial, en el ámbito ejecutivo y empresarial que me convoca. Esta propiedad cerebral nos permite transformar nuestros patrones de pensamiento y comportamiento. A su vez, facilita nuestro desarrollo tanto personal como profesional. Estoy convencida de que si logramos adoptar prácticas como la meditación, la visualización y el aprendizaje continuo, podemos aprovechar la neuroplasticidad para mejorar nuestra resiliencia mental, la creatividad y el bienestar general. Este tipo de prácticas de forma cotidiana promueven la formación de nuevas rutas neuronales, optimizan el rendimiento cognitivo y emocional en nuestra vida. Es decir que, todos y a cualquier edad, poseemos la capacidad de cambiar la estructura de nuestro cerebro para transformar nuestras vidas. Si somos capaces de comprender y aplicar los principios de la neuroplasticidad, podemos reconfigurar nuestros patrones de pensamiento y comportamiento para alcanzar el éxito y el bienestar.

Por otro lado, también sabemos que, al dirigir intencionalmente nuestros pensamientos y emociones, podemos crear nuevas conexiones neuronales que nos permitan superar hábitos limitantes y promover cambios positivos en nuestra realidad personal y profesional.

Es aquí donde quiero intervenir ya que, como les vengo adelantando, fui y soy una fiel testigo de estos maravillosos cambios que pueden ocurrirnos y transformarnos a nivel cerebral, aún en nuestra vida adulta, para enseñarnos a vivir de una nueva manera. Tal vez lograr una versión que esté más alineada con nuestras elecciones en nuestro presente. La que pueda ir en resonancia con nuestro propósito o misión de vida que hayamos encontrado, o que tengamos aún por descubrir. Todos nos debemos en algún momento de nuestras vidas un recorrido hacia nuestro interior para volver a preguntarnos y conectarnos con quiénes queremos ser, cómo queremos vivir y hacia dónde queremos ir. Son dos las claves para esto: entrenar nuestro cerebro y ser constantes. Si somos capaces de dedicar todos los días unos minutos a cultivar una mente fuerte, calma y resiliente desde prácticas como la meditación, el agradecimiento y la visualización, nuestra vida se va a transformar. En esto consiste el famoso entrenamiento cerebral del que vengo hablando hace ya varias páginas. Como todo en la vida, requiere de esfuerzo, dedicación y continuidad. Sin embargo, lo que puedo asegurarles es que si somos capaces de construir una rutina diaria donde estas prácticas sean parte de ella, comenzaremos a experimentar una nueva forma de vivir y apreciar nuestra realidad.

Cuando hace unos años me sumergí de lleno en la búsqueda de herramientas que me permitieran vivir más conectada con el disfrute, tenía un anhelo muy grande que era lograr apagar mi modo alerta y los miles de pensamientos que me invadía. La necesidad de transformarme se volvió inminente cuando el malestar llegó a ser más grande que el bienestar. Ahí decidí, finalmente, buscar ayuda. En aquel momento, mi elección más acertada fue tomar coraje y tener paciencia para buscar dónde y cómo podría formarme hasta llegar a encontrar lo que finalmente me permitiese transformarme y sanar. Se trató de un nuevo despertar en el cual yo logré ir aprendiendo, paso a paso, cómo reprogramar mi mente para vivir de una nueva forma.

Somos nosotros mismos los únicos que tenemos el infinito potencial de querernos, cuidarnos, abrazarnos y sanarnos. El estar bien es una construcción propia e individual que cada uno debe transitar y construir hacia dentro. Todo eso luego brilla hacia fuera. Es de adentro hacia afuera. Este es el mensaje que quiero dejarles en este libro. Todos y cada uno de nosotros somos capaces de resetearnos y lograr nuestra nueva mejor versión. La clave reside en entrenar nuestro bienestar.

La mayoría de las personas, muchas veces, tenemos miedo de contar nuestros problemas, de pedir ayuda, de equivocarnos, de mostrarnos frágiles o vulnerables, de llorar, de sentir. Sin embargo, a mi modo de ver, es éste y no otro el camino correcto para lograr conectarnos con quiénes somos y buscar nuestro propio camino hacia la calma y la posibilidad de estar bien. Fue entonces, en este proceso interno, donde la neurociencia, sumada con la meditación comenzaron a ser para mí una nueva guía. Fue aquí cuando logré crear mi propia neurociencia del bienestar. Una versión que me posibilitó y permite hoy vivir desde mi plenitud y bienestar emocional.

Haber logrado salir, finalmente, de ese laberinto mental donde me había quedado atrapada una y otra vez a lo largo de mi vida es, tal vez, la manera más gráfica de transmitirles lo que fue mi renacer. Fue cuando logré tener mi propia lente y mirada de la vida, cuando por fin logré salir de esa encrucijada que no tenía principio ni fin.

Fue en medio del caos que trajo la pandemia en el año 2020 a nivel mundial, cuando decidimos, junto a mi marido, animarnos a salir de nuestro hogar en Buenos Aires y cruzar al otro lado del charco. Era tal vez el deseo, en medio del caluroso mes de diciembre con barbijos, alcohol en gel, obsesiones de higiene y miedos, que me animé, sin aún saberlo, a ir en búsqueda de un nuevo capítulo de mi vida.

Algo que comenzó con el afán de volver al país natal de mi marido, apenas unos días con la finalidad de conectarnos con el aire libre, la naturaleza y el mar, resultaron ser tres largos y hermosos años llenos de experiencias, aprendizajes y oportunidades.

En mi caso, sin siquiera mucho pensarlo elegí apostar a quedarme ahí con lo que apenas llevábamos para unos días. Una valija llena de ropa de verano sin más. Fueron diez meses de no poder cruzar a Argentina. Tener lejos afectos, mis padres, mi casa y mis cosas. Las leyes y regulaciones de ese momento entre países me dejaban volver a mi país, pero no me daban la posibilidad de volver a cruzar a Uruguay más. Recuerdo aquel tiempo con nostalgia y sabiduría. Donde yo era la misma pero también otra, a la vez. Donde aún todo me pesaba demasiado, pero sí sabía que todo de algún modo iba a estar bien. En aquel entonces yo ya comenzaba a ver luz en medio de la oscuridad. Fue ahí cuando, una mañana, miré a los ojos a mi marido y le dije: lo más importante en mi vida somos nosotros tres. Donde estemos vamos a estar bien. Y fue por aquellos días de febrero del 2021, mientras la situación de emergencia era de lo único que se hablaba a nivel mundial, cuando nosotros decidimos cerrar nuestra casa de Buenos Aires a la distancia y quedarnos unos largos meses más en Uruguay. Sin fechas ni expectativas claras apostamos a que lo que podría venir de ese lado del charco. Podía ser, por lo menos, una ráfaga de aire fresco luego de tantos meses de alerta y miedos.

Así fue como, cada mañana de esos maravillosos años, fui una gran privilegiada de poder conectar con un nuevo y diferente amanecer frente al mar. Con cada sol naciente, poder intencionar y visualizar, con las pocas herramientas que tenía en los primeros meses de esa aventura, esta nueva posibilidad de volver a elegir y decidir qué día quería tener. Esos años, tal vez, fueron para mí, más allá de todo lo que pasaba dentro mío y a nivel global, la gran oportunidad de lograr mi verdadero *reset* mental. Desde una gran resiliencia interna y en medio de muchos miedos, incertidumbres e interrogantes me animé a explorar un nuevo mundo externo e interno por conocer. Comencé a sumergirme, sin saberlo, en mi neuroplasticidad mental como una nueva herramienta y posibilidad de vida. En ese entonces, nada de lo que estaba sucediendo estaba planificado, y tal vez fue eso y tan solo eso, lo que hizo que esos años hayan sido mágicos para mí.

Algo que convertí en parte de mis rutinas, que hacía desde el deseo y de forma espontánea, resultó ser algo milagroso a nivel de la neurociencia. Desde efectos profundos y positivos en mi cerebro, hasta ayudarme a regular mi ritmo circadiano. Resultó ser que la exposición a varios amaneceres de forma continua nos permite que logremos sincronizar nuestro reloj biológico. De este modo, se regula la producción de melatonina por la noche y el cortisol necesario para comenzar el día por la mañana. A la vez, mejora la calidad de nuestro sueño y nos ayuda a tener mayor energía y claridad mental durante el día. Toda esa energía positiva del sol al salir activa nuestro sistema dopaminérgico e incrementa la liberación de neurotransmisores como la serotonina y la dopamina. Sin lugar a dudas, nos permite mejorar nuestro estado de ánimo ya que mejora la motivación y sensación de bienestar. Por último, quiero contarles que también nos trae enormes beneficios para nuestra plasticidad cerebral. Ir cada día en la búsqueda de un nuevo amanecer, no es otra cosa que exponernos a experiencias positivas y novedosas. En consecuencia, eso hará que se estimule nuestra neuroplasticidad, lo que ayuda a mantener nuestro cerebro joven y adaptable.

Meses más tarde, cuando por fin me sumergí de lleno en el mundo del *wellness* y la neurociencia aplicada, comencé a sumarle a esta actividad meditaciones, visualizaciones más específicas, respiraciones profundas y momentos de atención plena. En mi aquí y ahora, y al recordar esa etapa tan luminosa de mi vida, debo admitirles que esas mañanas han sido, tal vez, uno de los momentos más bonitos de mi vida.

Hoy, luego de tanto estudio y vivencias, tengo completamente claro que la neuroplasticidad nos va permitir adquirir nuevas habilidades, conocimientos y nos posibilitará transformarnos. Meditar cada día nos da la gran *chance* de cambiar el foco hacia un lugar de calma y amor. Esto le irá enseñando a nuestro cerebro a ir optimizando funciones ejecutivas como son la toma de decisiones y la resolución de problemas. A su vez, sabemos que un cerebro entrenado es capaz de ajustarse más fácilmente a nuevas situaciones y desafíos y que cultiva la resiliencia ante adversidades. Es decir, que quién sea capaz de prepararse mentalmente cada mañana cinco minutos visualizando el día que quiera tener o visualizando los desafíos que le esperan en ese día, va enviarle a su cerebro un mensaje claro: «QUE TODO VA A ESTAR/SALIR BIEN». Esto es así, debido a que este entrenamiento le permitirá a nuestro cerebro de antemano haber conectado y repasado la situación a la que va a llegar en la vida real. Así, el cerebro transitará ese momento con más conocimiento, sabiduría, calma y templanza. Esto claramente hará que el resultado esté influenciado por nuestra predisposición positiva a que esto salga de la mejor manera. Darle al cerebro la certeza o mostrarle el final de algo desconocido, hace que comience a serle familiar. De este modo, algo que para el cerebro podría ser algo nuevo y que, en consecuencia, activaría el modo supervivencia, ya no lo será.

Nuevamente, la no distinción entre lo real y lo imaginario que predomina en nuestro cerebro puede ser usada en nuestro favor. Desde Tiger Woods en el golf hasta Michael Jordan en *basketball*, han utilizado la visualización antes de sus partidos para imaginarse ejecutando tiros perfectos, anticipando jugadas y sintiendo la emoción de la victoria. Phil Jackson, el entrenador de Jordan, solía afirmar que su capacidad de visualizar cada movimiento con precisión le daba una ventaja mental sobre sus oponentes. Muchos de los atletas y profesionales más exitosos del mundo han utilizado la visualización mental como una herramienta poderosa para alcanzar su máximo rendimiento.

La neurociencia confirma, nuevamente, que este proceso no es solo una cuestión de confianza o motivación generada por nuestra actitud, sino una reconfiguración real de nuestra potente maquinaria llamada cerebro. Muchas investigaciones en neuroplasticidad, siguen afirmando que el cerebro no distingue entre una experiencia real y una intensamente visualizada. En este sentido, el Dr. Richard Suinn, expsicólogo del Comité Olímpico de Estados Unidos, también afirmaba en el alto rendimiento deportivo de hace unos años que cuando un atleta visualiza una acción, se activan las mismas regiones cerebrales que cuando la ejecuta físicamente.

Sin embargo, yo en los primeros meses de esa etapa, todo esto no lo sabía. Sí confieso que intuía que había algo más que yo podía hacer para apagar mi piloto automático y reconfigurar mi mente. Pero no sabía aún cuando iba a pasar, si es que iba a ocurrir, ni cómo iba a suceder. Definitivamente, he descubierto con los años que nuestro camino se va haciendo al andar. Se fueron sumando amaneceres, horas de estudio e introspección, clases de yoga, horas de caminatas meditando, abrazos, charlas eternas, una gran búsqueda de eje, disfrute y bienestar de pequeños momentos. Hasta que un buen día, la sumatoria de todos esos pequeños momentos, experiencias, alegrías y desaciertos hacen que en tu vida tú seas quién eres. Finalmente, y en mi experiencia personal, es aprendiendo a vivir con todas las aristas que esto trae en donde radica nuestra grandeza de poder elegir cómo queremos vivir, y hacia dónde realmente queremos ir.

La neuroplasticidad y la conexión sináptica están intrínsecamente relacionadas, ya que es a través de los cambios en los enlaces entre las neuronas que nuestro cerebro aprende, se adapta y evoluciona. Ellas se comunican entre sí a través de la sinapsis, los espacios donde se transfieren señales eléctricas o químicas de una célula a otra. A su vez, estas conexiones no son fijas; sino que cambian en función de nuestras experiencias, hábitos y aprendizajes. Es cuando repetimos una acción o pensamiento una y otra vez, cuando las uniones sinápticas asociadas se fortalecen y potencian. Por ello, prácticas como la meditación, el ejercicio y el aprendizaje continuo pueden fortalecer las redes neuronales. Esto era lo que yo, sin saber, estaba haciendo cada día en esos tres años. Fortalecer mis conexiones sinápticas.

Cada mañana de caminatas y meditar frente al mar luego de conectarme con la calma del agua y el sonido de las gaviotas, minutos antes que salga el sol, es tal vez uno de los recuerdos que más añoro. Para mí han sido momentos únicos y sagrados. Sin dudas, mi horario preferido del día son las mañanas. La salida del sol, el cantar de un pájaro, la brisa en la cara. Todas las sensaciones que elijo vivir y revivir. Es tan solo recordar aquellas mañanas y sonreír. Es un recuerdo con gusto a salado y con el sonido del susurro de las olas que te acarician el alma. Para mí, todo lo que toca el mar, lo transforma. Lo purifica, lo calma. Era una etapa de pura transformación. Fueron meses de cultivar mi amor propio y una búsqueda de una mejor versión. Comenzar los días meditando, haciendo deporte para sentirme y verme mejor. Muchas clases de yoga sentidas y tomadas en escenarios únicos.

Hubo clases en medio de bosques, frente a una puesta de sol en el mar o arriba de una tabla de SUP (*Stand Up Paddle*) en medio del agua. Todas estas rutinas que venía sumando y estableciendo por aquellos años también, sin saberlo, fortalecían ese nuevo camino neuronal que se estaba comenzando a zanjar y formar.

Por otro lado, es cierto y quiero muy intencionalmente compartirles que cuando una conexión neuronal no se utiliza con frecuencia, tiende a debilitarse y puede llegar a desaparecer. En este sentido, comenzar a entrenar nuestra mente para dejar de hacer foco en la queja, en un pensamiento intrusivo, en lo que nos falta y en lo mal que hacemos las cosas; y lograr hacer foco en lo inverso nos puede ayudar a transformarnos. Agradecer es el camino posible hacia este cambio. Es de este modo que podemos dejar de pensar de forma negativa y comenzar a hacer hincapié en todo lo que efectivamente nos nutre. En consecuencia, el patrón de pensamientos negativos que predomina se debilita y desaparece.

Por su lado, nuestro cerebro también puede crear nuevas conexiones cuando adquirimos conocimientos o desarrollamos nuevas habilidades. Esto es fundamental para la mejora de nuestro desempeño cognitivo. Aunque antes se creía que todos nosotros nacíamos con un número fijo de neuronas, hoy se sabe con exactitud que en regiones como el hipocampo, se generan nuevas neuronas a lo largo de nuestra vida. Es la neuroplasticidad la que nos posibilita que estas nuevas neuronas se integren en circuitos ya existentes, facilitando el aprendizaje y la memoria. Nuevamente, vemos que somos capaces de cambiar nuestra manera de pensar y reaccionar frente a las situaciones de la vida, creando nuevas conexiones sinápticas que reconfiguran nuestra mente y cuerpo. Es entonces, a través de la práctica consciente de nuevos hábitos mentales y físicos, que podemos influir activamente en todo este proceso.

La neuroplasticidad y el liderazgo

Por otro lado, me convoca con mucho ánimo transmitirles que los principios de neuroplasticidad también pueden aplicarse al desarrollo de nuestro liderazgo ejecutivo. No solo se trata de un concepto científico sobre cómo el cerebro cambia y se adapta, sino de una herramienta poderosa que nos permite expandir nuestras capacidades cognitivas, emocionales y estratégicas en el ámbito profesional. La neuroplasticidad nos brinda la posibilidad de reconocer y desarrollar nuestro potencial interno, desbloqueando habilidades y competencias que antes parecían inalcanzables. A través de un entrenamiento consciente de nuestra mente, podemos transformar la manera en la que tomamos decisiones, enfrentamos desafíos y lideramos nuestro equipo.

El liderazgo efectivo comienza con un profundo conocimiento de uno mismo. En este sentido, la neuroplasticidad nos permite explorar y fortalecer aspectos desconocidos de nuestra personalidad. Desde la gestión de
nuestras emociones hasta la optimización de nuestras
fortalezas. Muchos creemos y aseguramos no tener de-
terminadas virtudes o capacidades cuando en realidad se
trata de que las mismas están ocultas o tan solo apaga-
das. El solo hecho de comenzar a entrenar nuestra mente
nos puede sorprender para bien en muchos sentidos. A
medida que entrenamos el cerebro para ser más conscientes de nuestros pensamientos, creencias y reacciones,
adquirimos una mayor capacidad para gestionar nuestras
respuestas y mejorar nuestra inteligencia emocional. Logramos ir reprogramando de a poco el 95 % de nuestro
cerebro inconsciente que funciona de manera automática. Entrenarlo, como les he venido contando, y trabajando desde el 5 % consciente de nuestro córtex prefrontal.

Muchos líderes suelen operar en piloto automático,
tomando decisiones en función de impulsos o patrones
mentales arraigados. Trabajar sus mentes les va permitir
desarrollar una visión estratégica que esté más orientada
a encontrar soluciones que a ver problemas. El liderazgo
efectivo requiere un nivel de atención y enfoque singular.
Y la neuroplasticidad nos permitirá fortalecer nuestra capacidad de concentración, mejorar la toma de decisiones
y optimizar nuestra productividad. Técnicas como la visua-

lización, la meditación y la planificación estructurada nos ayudan a fortalecer las conexiones neuronales responsables de nuestro pensamiento analítico y la resolución de problemas. Cada pensamiento que cultivamos y cada hábito que incorporamos tiene un impacto directo en nuestra estructura cerebral. Aprovechar la neuroplasticidad significa, al fin de cuentas, tomar el control de nuestra mente para liderar con mayor claridad, confianza y visión.

A medida que entrenamos nuestra capacidad cerebral, podemos rediseñar la forma en la que interpretamos el mundo. De este modo, tendremos la habilidad de potenciar nuestra resiliencia, adaptabilidad y capacidad de influencia.

Tips que pueden potenciar y hacer que nuestro cerebro se mantenga flexible, fuerte, resiliente y en constante evolución

- **Aprender algo nuevo, nuevos entornos y experiencias:** Cada vez que aprendemos algo nuevo, nuestro cerebro crea nuevas conexiones sinápticas y refuerza las existentes. Comenzar con actividades como aprender un nuevo idioma que jamás hemos hablado antes, tocar un instrumento musical, estudiar un manual que nos dieran para comenzar una nueva actividad en un trabajo, viajar, conocer lugares nuevos y gente de diferentes culturas, resolver problemas matemáticos, o practicar un deporte, favorecen la neuroplasticidad. La clave radica en que el aprendizaje o lo novedoso sea activo a la vez que desafiante, ya que obliga a nuestro cerebro a adaptarse y a crear nuevas redes neuronales. Exponerse a diferentes formas de arte, música y literatura activa redes neuronales nuevas y potencia la creatividad.

- **Meditar y practicar la atención plena:** Como ya fue explicado en capítulos anteriores.
- **Alimentación saludable que estimula nuestro cerebro:** Tal como fue desarrollado en los capítulos anteriores.
- **Ejercicio físico:** Que también ha sido detalladamente explicado.
- **Sueño:** Tal como he venido contándoles, las pautas más importantes para un sueño reparador en los capítulos anteriores.
- **Practicar la visualización:** Tal como ha sido introducida y será especialmente desarrollada en el capítulo 4.

Podemos entonces concluir que cuanto más desafiamos a nuestro cerebro con nuevas experiencias, mayor será nuestra capacidad de adaptación, aprendizaje y evolución. Nuestro cerebro es un músculo que se moldea con la práctica. Por ello, entrenarlo conscientemente nos va ayudar, sin dudas, a mejorar nuestra capacidad de liderazgo, bienestar y alto rendimiento.

3.2 | Ondas cerebrales: cómo cultivar las frecuencias para lograr la calma

Nuestro cerebro opera a través de ondas cerebrales que son patrones de actividad eléctrica generados por la comunicación entre neuronas. Estas ondas influyen de forma directa en nuestro estado mental, nuestra capacidad de concentración, creatividad y relajación. Es decir, que tienen un impacto directo en muchos procesos clave del cerebro y del cuerpo.

Neurocientíficos como Joe Dispenza, Richard Davidson y Andrew Huberman han explorado cómo las ondas cerebrales influyen en el cambio de patrones mentales, la neuroplasticidad y la autosanación. Dispenza explica cómo entrar en estados *alfa* y *theta* permite la reprogramación del subconsciente y la creatividad. Davidson, por su parte, descubrió que la meditación y el *mindfulness* modifican la actividad de las ondas cerebrales, reducen la reactividad emocional y cómo las ondas trabajan la resiliencia. Y finalmente, Huberman explica la importancia de trabajar el pasaje de las ondas cerebrales con la respiración, la luz, el sueño y estimulación auditiva.

En suma, desde la neurociencia se ha demostrado que tenemos la capacidad de regular conscientemente nuestras ondas cerebrales para alcanzar estados de calma, reducir el estrés y mejorar nuestro bienestar emocional. Las ondas cerebrales determinan cómo procesamos nuestras emociones y reaccionamos ante el estrés. Nuestro cerebro genera diferentes ondas, clasificadas según su frecuencia (medida en Hz). Cada una está asociada con un estado mental y emocional particular.

Las **ondas alfa** son esenciales para lograr relajarnos, fomentar nuestra creatividad y que cultivemos estados de paz y equilibrio mental. Mantener un buen nivel de actividad nos va permitir reducir nuestro estrés, mejorar nuestra memoria y potenciar nuestra capacidad creativa. Las ondas *alfa* se activan en los momentos que estamos en calma, tranquilos y en estados de descanso consciente. Es decir, justo antes de dormir o al despertar. Durante momentos de relajación profunda sin que estemos dormidos, como por ejemplo al meditar o al hacer una clase de yoga o *tai chi*. También cuando practicamos la atención plena, la respiración consciente y le damos lugar a nuestra expresión creativa al practicar actividades como bailar, pintar, escribir o escuchar música. Definitivamente, aprender a estimular de forma consciente las ondas *alfa* nos va a ayudar a vivir con más claridad, calma y bienestar.

Por su lado, las **ondas beta** son esenciales para nuestro rendimiento mental y potenciar nuestro liderazgo, ya que nos permiten pensar con claridad, resolver problemas y mantenernos enfocados. A su vez, nos ayudan a obtener un buen rendimiento cognitivo y lograr un enfoque óptimo en actividades que nos requieran el uso de la lógica y la toma de decisiones. Sin embargo, quiero dejar en claro que su exceso puede derivar en situaciones de estrés y agotamiento mental, por lo que es fundamental equilibrarlas con períodos de relajación y descanso. Podemos notar todos sus beneficios cuando las mismas están en equilibrio ya que mejoran de forma notable nuestra concentración y productividad.

Como consultora en neurociencia, bienestar y alto rendimiento ejecutivo, mi labor principalmente reside en ayudar a líderes, profesionales y sus equipos a que dominen y equilibren este sutil balance entre sus ondas *alfa* y sus ondas *beta* no solo para trabajar mejor, sino para que también logren vivir con más felicidad, propósito, resiliencia y calma. El mundo corporativo exige altos niveles de enfoque y resolución de problemas, lo que activa de forma inmediata y directa nuestras ondas *beta*. Sin embargo, cuando nuestro cerebro permanece en este estado por largos períodos sin descanso, tanto nuestra productividad como nuestro bienestar decrecen. El arte de construir rutinas de vida y trabajo que nos permitan vivir en el justo balance entre el alto rendimiento ejecutivo, la calma y el bienestar en todo nuestro recorrido, es posible. Siempre y cuando seamos capaces de conectarnos con nuestra autoconciencia y gran capacidad de disfrute.

A su vez, existen las **ondas hibeta**, que son las que se vinculan con una actividad cerebral muy intensa. Se asocian con estados de alerta extrema, alto enfoque cognitivo, procesamiento de información intensa y niveles elevados de estrés.

Continuando con las diferentes ondas clasificadas según su frecuencia, nos encontramos con las **ondas theta**. Ellas son el puente entre el consciente y el subconsciente, lo que las hace claves en nuestros procesos de introspección y cambio mental. Están íntimamente asociadas con nuestros estados de relajación profunda, estados de creatividad, a la vez que fomentan nuestra memoria y conexión emocional. Aprender a activarlas nos permite mejorar nuestro aprendizaje intuitivo, reducir el estrés y acceder a un estado de introspección profunda. Lograr dominar el equilibrio entre ondas *theta* y *beta* nos ayuda a vivir con más creatividad, enfoque y claridad mental. Las ondas *theta* aparecen en los momentos que logramos relajarnos. Esto ocurre durante meditaciones profundas o durante la práctica de visualización creativa tal como ha sido detallada en otros capítulos. También justo antes de que conciliemos el sueño, durante la fase *REM* del sueño, es cuando ocurren los sueños más vívidos. Estas frecuencias también facilitan la reprogramación mental y el aprendizaje profundo. Al estar en un estado *theta*, el cerebro es más receptivo a la sugestión y al cambio de patrones mentales. A su vez, las frecuencias facilitan el acceso a memorias y emociones subconscientes. Sin dudas, favorecen el logro de estados de calma profunda y conexión interior.

Sin embargo, su exceso nos puede traer falta de concentración en tareas analíticas, un estado de ensueño constante y dificultad para mantenernos concentrados. También puede darse una tendencia a la procrastinación y a la falta de enfoque. En este caso, se deberá equilibrar armónicamente con las ondas *beta*.

En cambio, las **ondas delta** son esenciales para nuestro descanso y recuperación. Un buen equilibrio de estas ondas nos permite sentirnos bien tanto física como emocionalmente a la vez que nos ayudan a estimular nuestra memoria. Son esenciales para la recuperación del cuerpo y el cerebro. Para lograr estar en esta frecuencia cerebral también son muy recomendadas, tal como vimos, prácticas como la meditación, la atención plena y técnicas de visualización. Practicar ejercicios de respiración también nos induce a estados que favorecen la generación de ondas *delta*. Es decir que, priorizar nuestro sueño profundo y reparador, no solo nos hará sentir descansados, sino que optimizará nuestra capacidad mental, emocional y física para rendir al máximo en la vida diaria.

Como he venido desarrollando, nuestro cerebro no opera en una sola frecuencia todo el tiempo. Dependiendo de la actividad que estemos realizando y cómo nos encontremos, diferentes ondas cerebrales serán las que predominen, lo que afectará nuestro estado mental, nivel de energía y capacidad de concentración.

Por último, las **ondas gamma** son la frecuencia cerebral más rápida y están asociadas con procesos de alto rendimiento mental, intuición, estados de conciencia elevados y resolución de problemas complejos. Se considera que las ondas *gamma* juegan un papel clave en la integración de información entre distintas áreas de nuestro cerebro, permiten conexiones entre conceptos y favorecen nuestro pensamiento holístico e integrativo. Estas frecuencias predominan cuando se logra un estado de *flow* extremo en deportes o en una actividad artística, durante el aprendizaje acelerado y el almacenamiento de grandes volúmenes de información. Estas frecuencias aumentan la creatividad y producen conexiones novedosas entre ideas. Investigaciones sugieren que monjes budistas y meditadores avanzados muestran altos niveles de ondas *gamma* en estados de iluminación. También se asocian con la capacidad de comprender emociones y situaciones complejas.

Aprender a reconocer cuándo es ideal estar en cada frecuencia y cómo inducirlas nos va a permitir optimizar nuestro rendimiento y bienestar. Por ello, me pareció interesante dejarles un ejercicio que los ayudará a identificar qué onda cerebral necesitan en cada momento del día y cómo activarla.

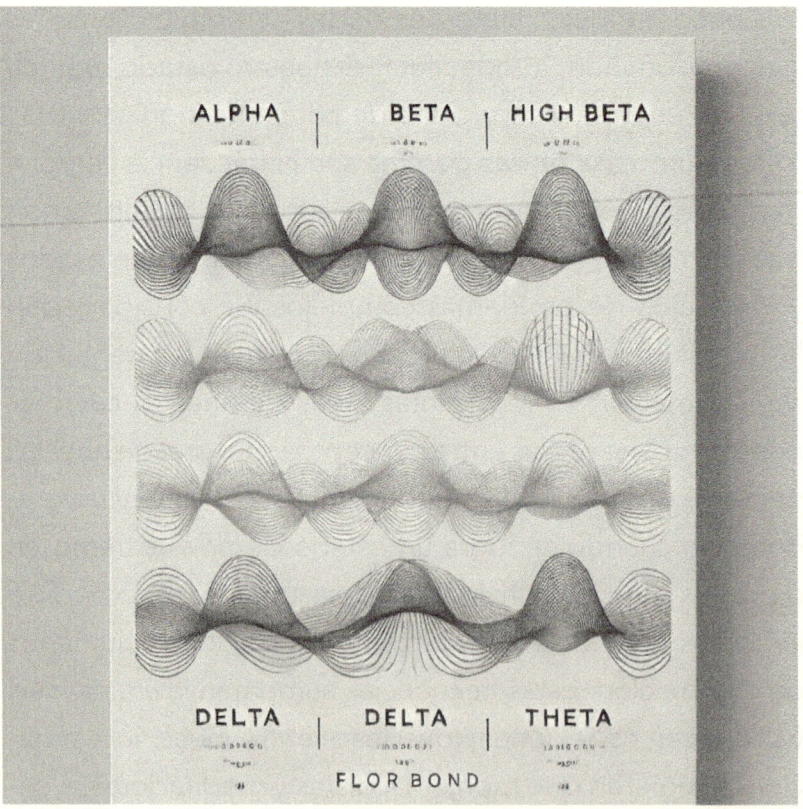

Caso práctico con una líder

Trabajamos una vez por semana con Carolina, CEO de una empresa multinacional de origen europeo y referente en su industria, para lograr juntas dotarla de herramientas que le permitan potenciar sus capacidades y habilidades cerebrales. Entrenamos su mente y, a la vez, logramos disfrutar y poder volver a la calma luego de rutinas de mucho esfuerzo mental. La clave es potenciarla al mismo tiempo que trabajamos en su calma. Para así lograr su máximo rendimiento. De este modo, balanceamos las frecuencias *alfa* y *beta*.

Armamos una rutina diaria donde ella comienza sus días con cinco minutos de respiraciones profundas mientras va visualizando con éxito cómo será su día de trabajo. Hacemos especial énfasis en los logros que quiere alcanzar y desafíos que le esperan. Tiene por delante una agenda llena de reuniones, presentaciones y toma de decisiones estratégicas para su equipo ya que debe hacer una presentación a fin de la semana para el Comité Ejecutivo. Su cerebro opera principalmente en ondas *beta*, lo que le permite estar alerta, analizar datos y resolver problemas de manera rápida y eficiente. Sin embargo, al mediodía se siente agotada, su mente está saturada y comienza a perder claridad en sus decisiones.

Ella, rápidamente, logra darse cuenta de esto, ya que venimos trabajando en su autoconciencia hace unos meses. Para evitar el desgaste mental y mantener su productividad sin afectar su bienestar, hemos pensado que en estos momentos ella incorpore una estrategia simple pero efectiva: un cambio de frecuencia a ondas *alfa*. Entonces, a la hora del almuerzo, ella decide ir a dar un paseo de 10 minutos mientras va a buscar la comida y se pone una minimeditación que le permite salir del *loop* de exigencias. Logra moverse, tomar aire y conectar con lo bonito de la meditación. Es decir que sale del piloto automático y hace una pausa consciente dentro de su día para volver a generar más ondas *alfa*. Esto le facilita entrar en calma y volver a activar su creatividad y hacer foco en las oportunidades de una forma más intuitiva. Lo más importante es que ella ha comenzado a ser capaz de autorregularse en los momentos que se da cuenta que está agotada y hemos creado una práctica que pueda ser posible dentro de su rutina de trabajo, sin que le demande mucho esfuerzo ni mucho tiempo. Cortar y salir a dar una vuelta en momentos de mucha productividad es parte de lograr el justo equilibrio mental. También es capaz de lograr la misma calma desde ejercicios de respiración profunda. Lo mismo puede hacer durante su tarde en medio de las reuniones o llamadas. Ella ya es consciente de que pequeños descansos mentales le van a permitir evitar la fatiga cognitiva. Además, esto la ayuda a ir incorporando este tipo de prácticas como una estrategia de trabajo con su equipo. Carolina está muy alineada con el concepto de que las personas felices hacen empresas exitosas. Es de este modo que, juntas también, hemos llegado a la conclusión de que es muy útil para todo su equipo hacer sesiones de minimeditaciones y luego *brainstorming* en equipo para comenzar y terminar la semana. De este modo, ella logra ir fomentando un ambiente relajado donde las ondas *alfa* facilitan la creatividad y la generación de ideas para todos.

Antes de irse a dormir, Carolina evita las pantallas y práctica diez minutos de meditación ya acostada o lee algunas páginas de un libro que le guste. Su cerebro se prepara para la transición a ondas *theta* y *delta*, asegurando un sueño reparador y una regeneración neuronal óptima.

Ejercicio para regular nuestras frecuencias cerebrales

Al despertarnos y prepararnos mentalmente para comenzar el día, el estado ideal es entrar en las ondas *alfa* y *theta*. En vez de agarrar nuestro teléfono y conectarnos con las redes o leer las noticias del periódico *online*, les recomiendo fomentar este estado de relajación, creatividad e intuición que nos llevan a estas ondas cerebrales. Para ello, les sugiero comenzar el día cerrando los ojos y haciendo diez respiraciones profundas, mientras van conectándose con visualizar de forma positiva el día que quieren tener y hacen foco en cada desafío que los espera disfrutándolo.

Al comenzar la jornada de trabajo es ideal organizar nuestras tareas y priorizar los pendientes más importantes para lograr entrar en ondas *beta* de concentración y enfoque rápidamente. Sugiero, para ello, hacer un listado de todos los pendientes para poder sacarlo de la mente y enumerar para saber el orden de importancia que le daremos luego. Es una buena forma de simplificar. Luego, una idea interesante es poner nuestro teléfono en modo avión en las primeras dos horas para evitar distracciones innecesarias y lograr entrar en las burbujas de concentración que, muchas veces, necesitamos en las primeras horas del día.

En los momentos que buscamos estar más creativos para tener mejores ideas dentro de las reuniones de equipo o si debemos resolver algún problema con un cliente, es ideal estar en la frecuencia cerebral *alfa* que nos dará todas estas habilidades. Para lograr este estado es conveniente, antes de entrar a las reuniones, hacer ejercicios de *brainstorming* para dejar fluir nuevas ideas, o tan solo regalarnos cinco minutos de una pausa activa donde cerramos los ojos y, mientras hacemos respiraciones profundas, nos conectamos con la calma visualizando un amanecer frente al mar.

Cuando llega el momento de tomar decisiones importantes, son las ondas *beta* y *gamma* las que generan este estado óptimo. Es muy importante, para estas situaciones, darnos una pequeña pausa para procesar, respirar profundo y luego decidir con firmeza.

Al final del día, recomiendo pasar tiempo de calidad con la gente que amamos y conectarnos con la gran posibilidad de disfrutar de una charla con nuestros hijos, una mirada cómplice con nuestra pareja, una rica cena. Un baño caliente y/o un buen libro antes de dormir. Estas situaciones, donde nos premiamos dándonos la posibilidad de desconectar y conectar con lo más sagrado de nuestra vida, nos sumergen en ondas *alfa* y *theta*, para luego entrar en ondas *delta* de la mejor manera cuando nos disponemos a dormir.

Mi idea, al introducir este tema y este ejercicio en concreto, está lejos de querer que vivan un solo segundo atentos y pensando de forma consciente cómo manejar sus ondas cerebrales. Por el contrario, mi intención es dotarlos de conocimiento sobre su cerebro para que sean ustedes mismos capaces de utilizar esta información y herramientas para potenciar sus mentes e ir hacia su versión más potente. Ya que, en definitiva, son las ondas cerebrales las que determinan cómo procesamos nuestras emociones y reaccionamos ante el estrés. Las ondas cerebrales van más allá del simple control del estado mental. Afectan desde el sueño, la memoria, la coordinación física, la toma de decisiones, la regulación emocional hasta el sistema inmunológico. Es por ello que, aprender a regular conscientemente estas frecuencias a través de técnicas como la meditación, el ejercicio, ejercicios de neurociencia aplicada, la música y la respiración, es un tema clave para potenciar nuestro rendimiento tanto físico como mental. De este modo, logramos ir alcanzando un estado de bienestar y maximizando nuestra capacidad de liderazgo. Es por ello que vuelvo a insistir en la importancia de lograr ir paso a paso, día a día, incorporando pequeños grandes hábitos de neurociencia y bienestar que nos van a ir permitiendo vivir, trabajar y avanzar en nuestra vida de la mano de nuestro propósito, disfrute y bienestar.

3.3 | Alto rendimiento ejecutivo

Cuando hablamos del alto rendimiento ejecutivo, nos estamos refiriendo a la capacidad que tienen, tanto líderes como profesionales de todas las áreas, para optimizar sus funciones cerebrales. Desde la neurociencia aplicada, al alto rendimiento solemos asociarlo con la optimización del cerebro ejecutivo. Es decir, con aquellas funciones cognitivas que nos permiten planificar, resolver problemas, gestionar el estrés, mantener la concentración y tomar decisiones eficaces, aún en escenarios de alta presión. De este modo, seremos capaces de llevar al máximo nivel nuestro desempeño, tomaremos decisiones estratégicas y mantendremos un sano equilibrio entre la productividad y el bienestar, tanto a nivel personal como con nuestro equipo de trabajo.

No se trata de otra cosa sino de entrenar nuestro cerebro para lograr vivir y trabajar en el máximo potencial de forma sostenida el mayor tiempo posible. En el campo de la neurociencia aplicada partimos de la premisa de que los líderes más efectivos son aquellos que, previamente, se encargan de entrenar sus cerebros y desarrollar mentes claras, resilientes, con una alta regulación emocional y con un enfoque sostenido. Esto les permite llegar a las mejores decisiones, soluciones y gestionar el estrés de una manera óptima.

Diferentes expertos han desarrollado los fundamentos neurocientíficos detrás del rendimiento óptimo. Todos hablan de cada una de las herramientas que venimos viendo a lo largo de este libro. Sin embargo, tanto ellos como nosotros, daremos un especial énfasis y protagonismo a la disciplina con la que cada uno de nosotros más nos identifiquemos y que pueda beneficiarnos. A esta altura del libro considero que, cada uno de ustedes como buenos lectores que son, han podido elegir y apropiarse de las técnicas que consideren más adecuadas para transformar sus vidas. Ya creo en cada uno de ustedes como expertos en la materia y los únicos protagonistas de sus historias.

Es un verdadero arte elegir cuáles serán las herramientas más potentes para que cada uno de ustedes logre vivir lo más cercano posible a su preciado bienestar. Pero como ya les he dicho, los considero dotados por mi experiencia que les he venido compartiendo y la teoría que lo avala, para que se animen a ponerla en práctica y escribir sus propias historias. Luego, no será otra que su propia experiencia personal la encargada de develar cuáles serán sus propias fórmulas de bienestar.

Creo que el verdadero éxito de cada uno de ustedes no se trata de trabajar más y tener más cosas que hacer en sus rutinas diarias; sino de poder redistribuir sus horas del día y dedicar más tiempo de calidad para entrenar sus mentes con el único objetivo de vivir más calmos y, a la vez, más conectados con el aquí y ahora. Y el placer que ello trae consigo. En definitiva, se trata de lograr trabajar el mismo tiempo, pero mejor. Es decir, con mayor productividad, claridad, equilibrio y propósito. Lograr el alto rendimiento en nuestras vidas y trabajos no es otra cosa que encontrar el justo equilibrio entre los picos de productividad y el descanso. Son todas y cada una de las herramientas y el *expertise* en estos temas que vengo desarrollando, las que les permitirán ir en pos de su mejor rendimiento posible.

Los picos de productividad son aquellos momentos en los que cada uno de nosotros somos capaces de conseguir el máximo rendimiento en términos de eficiencia y eficacia. Al respecto, es super importante que podamos identificar nuestro *prime time* del día para aprovecharlo a nuestro favor. Es decir, el momento del día donde tengamos el más alto nivel de energía.

En mi caso, como ya les he contado, son las mañanas. Comenzar meditando y visualizando el día que quiero tener sonriendo, me conecta con mi expresión personal más feliz. Luego, el deporte también tiene un gran protagonismo e impacto en mi rutina de éxito desde hace muchos años. A partir de aquí, comienzan mis horas de mayor concentración y *flow*. Con certeza, son las primeras tres horas de trabajo del día donde logro mi mayor desempeño. En ellas, logro motivarme y crear mis burbujas de concentración y rendimiento. Concentrarnos nos demora unos ocho minutos. Luego, estar muy concentrados en nuestro *flow*, tal vez dure 15 minutos. Pero la calidad es lo que vale y hay que aprovechar esos minutos plenos. En mi caso, estar en mi estudio donde trabajo, poner una música calma (siempre la misma), y prender una vela con un aroma que me remite a momentos especiales, me ayuda a crear un ambiente propicio para un anclaje emocional. Es decir, el olfato y el sonido le dan a mi cerebro el marco propicio para concentrarse. Operan como una señal. A su vez, la organización y simplicidad es un *must* en mis rutinas a la hora de buscar mi mayor rendimiento. Las listas de pendientes y logros cumplidos son un buen recurso que utilizo. Esto me va a garantizar dejar la mente más libre de preocupaciones y, a la vez, conectada con los logros ya obtenidos. Ello me genera dopamina y ánimo para crear. Cuando noto que mi mente hace foco en un pensamiento negativo, sea o no real, pero que me limita, intento amorosamente direccionarla hacia lo que me potencie. Lo hago de modo intencional. He aprendido a hacerlo. No se trata de negar lo que siento, sino de intentar lograr el justo equilibrio que me permita vivir más conectada con la motivación que con la preocupación. De otro modo, nos habituamos, por nuestro modo supervivencia que tanto nos condiciona a vivir, a actuar desde el problema y no desde el impulso o el entusiasmo.

`En definitiva, aprovechar al máximo nuestros picos de productividad requiere encontrar el equilibrio perfecto entre reconocer y potenciar los momentos de mayor energía e implementar estrategias efectivas de gestión para estar bien. Todo ello, con el objetivo de mantener una armonía sostenible entre las responsabilidades laborales y el bienestar personal.

Los ejecutivos y atletas que incorporan estrategias de neurociencia aplicada en su entrenamiento mental, no solo alcanzan su máximo rendimiento, sino que también aprenden a sostenerlo sin caer en el agotamiento mental. Este enfoque les permite encontrar un equilibrio perfecto entre desempeño, bienestar y su carrera. Maximizan así su potencial sin comprometer su salud ni su calidad de vida. Un cerebro que realmente alcanza su máximo potencial no es aquel que se mantiene en actividad constante, sino el que sabe cuándo enfocarse intensamente y cuándo permitir su recuperación. Así se logra un equilibrio entre eficiencia, claridad y bienestar sostenido a lo largo del tiempo.

¿Qué papel juega el descanso en la recuperación de energía y cómo podemos optimizarlo después de un período de alta exigencia?

La neurociencia sugiere que descansar no es solo una necesidad, sino una estrategia de alto rendimiento. Luego de picos de productividad y rendimiento ejecutivos o deportivos de alta competencia, especialmente cuando están asociados a períodos de alta exigencia o estrés, los niveles de cortisol tienden a experimentar ciertos comportamientos específicos que pueden afectar el cuerpo y el cerebro si no se gestionan adecuadamente. Durante el pico de productividad el cuerpo activa el sistema nervioso simpático, liberando cortisol. En este caso es beneficioso, ya que aumenta la glucosa en sangre para proporcionar energía, mejora el enfoque y la concentración, y, a la vez, suprime temporalmente funciones no esenciales, como el sistema inmunológico o la digestión. De esta forma, se redirige la energía hacia el rendimiento.

Una vez que la fase de alto rendimiento o estrés termina, los niveles de cortisol deberían reducirse para que el cuerpo pueda entrar en modo de recuperación. Es por ello la importancia que tiene el descanso post-rendimiento, tanto en el mundo ejecutivo como para los deportistas de élite.

Sin embargo, lo que realmente ocurre depende de cómo gestionemos el post-rendimiento. Si el descanso posterior es adecuado, entonces el sistema nervioso parasimpático se activa y esto conlleva a una reducción gradual del cortisol que nos va posibilitar mejorar la claridad mental y el equilibrio emocional. Es decir, volver a estados de calma y, a su vez, recuperarnos de forma física y lograr una regeneración celular.

Por el contrario, sino destinamos tiempo a una recuperación adecuada el cortisol puede permanecer elevado, incluso después del pico de la actividad. Sapolsky, biólogo y profesor de neurociencia en la Universidad de Stanford, destaca que los humanos, a diferencia de los animales que son capaces de desactivar rápidamente la respuesta al estrés una vez que el peligro pasa, tienden a rumiar los problemas, lo que mantiene el cortisol alto y puede generar efectos dañinos a largo plazo. Es decir, si luego de *performar* alto no tomamos un descanso suficiente y hacemos que nuestro cuerpo siga sometido a una presión continua, llevamos la mente y el cuerpo a un estado de alerta constante. Esto, sin dudas, nos traerá como consecuencia: fatiga crónica, problemas de memoria y concentración (ya que afecta al hipocampo del cerebro). A su vez, nos veremos propensos a bajar las defensas y tendremos mayor riesgo de enfermedades cardiovasculares y metabólicas. Automáticamente, se desregula nuestro estado de ánimo y comenzamos a sentirnos muy ansiosos, alertas, irritables y, muchas veces, nos deprimimos.

Pautas para bajar el cortisol luego de picos de productividad

Descanso inmediato y pausas estratégicas: tomar descansos programados durante el día con pausas pequeñas (20 minutos) puede ayudar a reducir el exceso de cortisol. Obligarnos a cortar más allá de la alta demanda que tengamos como elemento clave para cuidar y equilibrar nuestra mente. Intentar hacer 4 pausas de 10 minutos en cada jornada es vital.

- Ejercicio moderado: actividades físicas suaves, como salir a caminar, hacer *tai chi*, *chi kung* o practicar yoga, ayudan a metabolizar el cortisol. Es ideal, luego del pico de productividad, que salgamos a caminar unos 15 minutos para bajar el cortisol y luego pautar, al final del día, una clase de yoga, por ejemplo.
- Practicar *mindfulness* o meditación, como ya fue explicado en los capítulos anteriores.
- Llevar una dieta saludable, como se detalló con anterioridad.
- Dormir adecuadamente: el sueño profundo es clave para restaurar los niveles hormonales.

3.4 | *Neurohacking* del estrés: cómo rediseñar la respuesta del cerebro a la presión

El estrés es una respuesta natural de nuestro cuerpo ante los desafíos y demandas a las que nos exponemos diariamente. Sin embargo, su impacto puede ser tanto positivo como negativo para cada uno de nosotros, dependiendo de cómo nuestro cerebro lo procese y gestione. Para ello, es crucial que contemos con nuestra propia cajita de herramientas de autogestión que nos permitan transitar las situaciones más estresantes de la manera más favorable para nosotros. Como bien les conté en el capítulo 1, una situación que nos da mucho miedo desde la neurociencia puede paralizarnos, o bien desafiarnos y empujarnos a poder atravesar y llegar a generar una oportunidad. De este modo, somos capaces de lograr una mejor versión de nosotros mismos. El cerebro nos premia frente a estas situaciones con dopamina. Al repetir este tipo de situaciones de manera constante, podemos lograr convertir un hecho que siempre nos dio mucho miedo en una nueva oportunidad de avance.

En el mundo ejecutivo actual donde todo va muy de prisa, donde muchas veces no hay tiempo para pensar dos veces antes de tomar una decisión, donde no hay margen para cometer errores y donde la presión es un denominador común, nuestros días pueden volverse muy agobiantes. Por ello, aprender a *hackear* nuestro estrés mediante *tips* de neurociencia aplicada intuyo que les será de gran utilidad.

Antes que nada, quiero contarles un poco cómo funciona el circuito del estrés en nuestro cerebro. La amígdala está en el cerebro ubicada en el sistema límbico, específicamente en la parte profunda del lóbulo temporal. Su función principal está relacionada con el procesamiento de emociones, como el miedo, la ansiedad y la respuesta al estrés. Nuestra amígdala es la que se activa frente una posible amenaza, tanto real como imaginaria. Sigue aquí operando la no distinción. Frente a una situación nueva, una desconocida, o que bien no se conozca su final, se entra en modo alerta. Por medio del hipotálamo, una de las áreas más importantes del sistema límbico por ser la que regula funciones vitales del cuerpo y mantiene el equilibrio interno, se envían señales liberando cortisol y adrenalina. Es en ese momento, cuando el cortisol se segrega en nuestro organismo, que el estado de alerta se mantiene de forma constante y comenzamos a sentirnos completamente abrumados. Nuestra frecuencia cardíaca aumenta junto con nuestra presión y comenzamos a respirar más rápido y corto. Esto hace que entremos en un estado de alerta del cual muchas veces nos cuesta salir. Contar con herramientas en cada una de estas situaciones nos hará la diferencia. Tan solo recordar, como les compartí en el capítulo 2, que podemos pasar de la *red zone* a la *green zone* en pocos minutos a través de la maravillosa respiración diafragmática es vital. Lo he validado una y otra vez con acontecimientos de mi vida. Me animo a afirmar que es la herramienta más poderosa que he conocido en consonancia con la meditación para salir de situaciones de estrés y anclarme en el presente.

Es nuevamente desde el córtex prefrontal desde donde entrenamos nuestro cerebro, a través de la respiración consciente, la meditación, el *mindfulness* y ejercicios de neurociencia aplicada, para regular a la amígdala ante estas situaciones. El gran tema es cómo hacerlo para que cuando estemos ante las situaciones de estrés excesivo podamos controlarlo. Cuando todo va a gran velocidad, muchas veces, las situaciones nos llevan hacia el lugar menos indicado. Si nuestra amígdala está hiperactiva, va a afectar nuestra memoria, concentración y toma de decisiones.

Armarnos una sólida rutina de bienestar diaria de 5 a 15 minutos, con las herramientas detalladas en el capítulo 1, hará que, al momento de atravesar situaciones difíciles, seamos capaces de afrontarlas de otra manera. Tendremos un mayor control sobre la amígdala y en consecuencia nos regularemos mejor frente al miedo y el estrés. Disfrutaremos de una mayor claridad mental, incluso en situaciones de presión. Así lograremos conseguir un mayor enfoque porque habremos fortalecido nuestras conexiones neuronales.

En lo personal, considero que tanto la meditación como el *mindfulness* han venido a enseñarme varias cosas. En primer lugar, a aprender y tener la gran posibilidad de vivir en el presente. Luego, a potenciar mis cinco sentidos y permitirme, a través de ellos, apropiarme de momentos únicos e irrepetibles de mi vida. Al final de cuentas, de eso se trata la vida. A la vez, han sido el vehículo más influyente en mí para cultivar mi amor propio e ir construyendo una mente más amorosa y positiva, conmigo y con los demás. Es decir, que me han llevado también a consolidar una empatía aún más fuerte. Todo esto confluye en una mente más sólida y preparada, tanto para el disfrute como para la adversidad, conmigo misma y con los demás.

EUSTRÉS
ESTRÉS POSITIVO

DISTRÉS

Estrés positivo -*Eustrés*-, y estrés negativo -*Distrés*-

Todos pensamos que el estrés siempre es malo. Sin embargo, esto no es así. Muchas veces, necesitamos de cierto nivel de estrés para alcanzar nuestro crecimiento, nuestro propósito, la motivación y el alto rendimiento. Es por ello que vengo aquí a contarles sobre los dos tipos de estrés que existen según la neurociencia. Se trata de dos caras de la misma moneda. El *eustrés* y el *distrés*.

El **eustrés** o estrés positivo es aquel que nos permite movilizar nuestra energía para ir hacia todos los objetivos que nos proponemos en la vida. Nos posibilita aumentar nuestra motivación y concentración, a la vez que mejora la resiliencia y la capacidad de aprendizaje. Por ejemplo, cuando tenemos una fecha límite para entregar una presentación a nuestro jefe podemos usar el *eustrés* para enfocarnos y mejorar nuestro desempeño. Pero sabemos que es una tarea que nos exige por un determinado tiempo y luego finaliza. Se acota el período de estrés o exigencia a un período.

En cambio, el **distrés** se trata del estrés negativo que se prolonga en el tiempo y nos genera agotamiento. Nos hace perder el foco, la eficiencia y el rendimiento. A su vez, nos produce ansiedad y falta de control. Termina afectando nuestra memoria y estado de ánimo. Lo que nos lleva a tomar las peores decisiones desde la alerta y el piloto automático. Eso es algo muy común en el mundo ejecutivo donde todo va a gran velocidad y provoca que el estrés sea constante y sostenido. Incluso cuando no exista siquiera una amenaza real, estamos sumergidos en picos de trabajo y manejamos un exceso de cortisol porque hemos aprendido a trabajar de ese modo y nos hemos configurado así.

Lograr *hackear* el estrés para alcanzar nuestra mejor versión consiste en reprogramar la percepción de las situaciones que nos generan presión real o mental, para luego convertirlas en oportunidades de crecimiento, en lugar de amenazas.

El *neurohacking* del estrés consiste, nada más y nada menos, que en comenzar a entrenar a nuestro cerebro para enseñarle a vivir haciendo foco en la oportunidad en vez de en la carencia. Las rutinas de bienestar que les he venido compartiendo son las prácticas más valiosas que les puedo transmitir desde mi lugar, con el fin último de que cada uno logre llegar a su motor de cambio y produzca más oxitocina que cortisol.

Un líder, CEO o profesional que busque mejorar su rendimiento mental puede aplicar *neurohacking* mediante: la respiración consciente, cuidar su descanso, la gratitud diaria, llevar una dieta de estilo mediterránea que potencie su energía, utilizar ayunos intermitentes, meditar y practicar la atención plena de forma constante.

Estos hábitos, sin dudas, nos serán la base de una nueva forma de vivir y trabajar.

De las técnicas de respiración, como ya saben, mi preferida es la respiración diafragmática. En definitiva, es la que nos conecta con la calma porque activa el nervio vago y logra reducir nuestra respuesta de lucha o huida. Podemos, de este modo, salir de la frecuencia cerebral *high beta* de alerta para pasar a la frecuencia de calma *alfa*.

Otra técnica muy útil para estos casos es la de respiración "4-7-8" que consiste en inhalar en 4 segundos, sostener en 7 y exhalar en 8 segundos. De esta forma, logramos disminuir la actividad del eje *HHA* y reducir el cortisol. El eje *HHA* (Hipotálamo-Hipófisis-Adrenal) es un sistema fundamental del cuerpo humano que regula nuestra respuesta al estrés, el metabolismo, la inmunidad y la energía.

Mi gran desafío aquí es transmitirles y que ustedes realmente logren percibir esta gran posibilidad de comenzar a ver al estrés ya no como una gran amenaza, sino como una nueva alternativa superadora. De crecer, de cambiar, de evaluar. A su vez, también existen técnicas de reencuadre mental que nos van a permitir cambiar la forma en que percibimos la presión. Así podremos activar circuitos de motivación en lugar de circuitos de ansiedad.

Se trata, una vez más, de entrenar a nuestra mente para que comience a pensar *out of the box*. Es decir, que sea capaz de empezar a tener una nueva mirada de las cosas que nos suceden y, de esta forma, ser capaz de resolverlo de una forma distinta a la habitual. Al comienzo nos dará miedo, pero sin dudas es un pasaje para que algo en nuestra vida comience a cambiar. Lograremos hacer foco en un nuevo lugar y emprenderemos pequeños grandes cambios.

Una buena forma de *hackear* una situación estresante es ponerle un final. Es decir, si acotamos temporalmente esta situación a hechos, días o momentos, le damos la clara señal al cerebro de que esto no es otra cosa que un nuevo motor de impulso hacia lograr una nueva meta.

Ejercicio práctico para *hackear* nuestro estrés

El objetivo de este ejercicio es brindarles *tips* que les permitan gestionar su estrés diario de una forma positiva. Entrena al cerebro en cortar con la rumiación, reduce el cortisol, y reconfigura la narrativa mental, orientándola a la acción, al control y al crecimiento. Para ello es fundamental:

1. Identificar con claridad qué situación nos está generando estrés. La escritura nos ayudará a descubrirlo. Saber qué sucede nos dará calma y será el primer paso para lograr gestionarlo. Podemos escribir en un cuaderno, por ejemplo: "Estoy atravesando _____, y me hace sentir _____."

2. Definir cuándo va a terminar esa etapa, aunque sea una fecha estimada, le dará a nuestro cerebro la sensación de control y finitud. Esto reduce la activación del estrés y mejora la percepción de dominio sobre la situación. Escribirlo nos ayuda a reforzarlo y decirlo en voz alta también.

3. Reencuadrar la situación con un propósito es la clave para darle una nueva señal a nuestro cerebro. Redacta una frase donde reinterpretes esa situación como un motor de impulso hacia algo nuevo. Por ejemplo: "Estoy atravesando este momento para dar un salto al siguiente nivel". Este paso activa la corteza prefrontal y ayuda al cerebro a reinterpretar la situación desde un lugar de crecimiento y no de amenaza.

4. Visualizarnos disfrutando el proceso y hacer foco en la satisfacción que sientes al llegar al final de la etapa. Conéctate con la gran felicidad que te dará haber terminado el proyecto. Siente como, finalmente, tu cuerpo se relaja y tu mente gana claridad y calma. Esto activará áreas cerebrales similares a vivirlo en la realidad.

5. Terminar, respirar profundo cinco veces y hacer un pequeño gesto físico (como cerrar el puño, por ejemplo) para anclar la sensación de: "esto tiene un fin y me impulsa", es ideal. Con la repetición, ese gesto se convierte en un anclaje emocional positivo.

Ansiedad y alimentación: un vínculo silencioso que vale la pena descubrir
Por Jorge Dotto

Cuando el cuerpo habla más fuerte que el entorno

La ansiedad no siempre es ese monstruo que nos ataca desde afuera. A veces, nace dentro de nosotros, como una confusión entre lo que sentimos físicamente y lo que nuestra mente interpreta como peligro. Puedes estar en tu casa, tranquilo, y sin embargo tu cuerpo se pone en alerta: sientes el corazón acelerado, cierta tensión, palpitaciones. Esa es la ansiedad, y aunque muchas veces cumple una función útil —nos mantiene atentos ante posibles amenazas—, cuando aparece sin una causa clara, se vuelve una carga.

Este fenómeno tiene un nombre: interocepción. Es la capacidad que tenemos para percibir los cambios internos del cuerpo, como la temperatura o el ritmo cardíaco. Y cuando esa percepción se distorsiona, la ansiedad puede aparecer. Algunas personas tienen una sensibilidad mayor a estas señales internas, lo que las hace más propensas a sentirse en riesgo, incluso sin una amenaza real presente.

¿Nacemos con ansiedad o la desarrollamos?

Los estudios científicos estiman que hasta un 50 % del riesgo de padecer trastornos de ansiedad se debe a factores genéticos. Hay genes que, al heredarse, pueden aumentar nuestra vulnerabilidad: como el *ADORA2A* (asociado al sobresalto), el *SLC6A4* (que regula la serotonina) o el *CHCR1* (que participa en la señalización del cortisol, la hormona del estrés).

Pero la otra mitad se escribe con experiencias: cómo dormimos, qué comemos, cuán estresante es nuestro día, y cómo aprendimos a afrontar lo que nos pasa. Lo importante es comprender que la ansiedad no es una debilidad ni una elección: es una condición con raíces biológicas, psicológicas y ambientales.

Infancias aceleradas: tecnología, pantallas y el desafío de criar sin ansiedad

Hoy, nuestros hijos no sólo miran dibujitos: los eligen, adelantan escenas, cambian de programa, y todo en cuestión de segundos. La inmediatez digital altera su capacidad de espera, y eso también juega un papel en cómo se sienten. ¿Te preguntaste cuántas horas pasa frente a una pantalla tu hijo por día?

Una investigación reciente de la Universidad de California (UCSF) en Estados Unidos siguió a más de 9500 niños en ese país y encontró que cuanto mayor era el tiempo frente a pantallas, mayor era la incidencia de síntomas de ansiedad, depresión y agresividad en el futuro. Preadolescentes pasan en promedio **5 horas y media diarias frente a pantallas** (sin contar el uso educativo), mientras que los adolescentes llegan a las **8 horas y media**.

Regular este uso es difícil, pero urgente. No se trata de prohibir, sino de acompañar, poner límites claros y comprender que la ansiedad infantil también se cultiva —o se previene— en lo cotidiano.

El dulce engaño: cómo el aspartamo puede afectar tu mente

Los edulcorantes artificiales, en especial el aspartamo, están presentes en miles de productos que consumimos a diario: gaseosas, chicles, postres, yogures, vitaminas y hasta medicamentos. Pero su aparente inocuidad está siendo cuestionada por la ciencia.

Un estudio de la Universidad Estatal de Florida en Estados Unidos encontró que ratones expuestos a dosis bajas de aspartamo desarrollaban comportamientos ansiosos. Lo más impactante fue que esta ansiedad se transmitía a sus crías, incluso si ellas nunca habían consumido aspartamo. La alteración genética se daba por **epigenética**, es decir, sin cambiar el ADN, pero sí su expresión.

Otros trabajos mostraron efectos negativos sobre la memoria, la concentración y la regulación de neurotransmisores (sustancias químicas que utiliza el cerebro para ejecutar funciones) como la serotonina y el GABA. Además, el aspartamo se descompone en **fenilalanina, ácido aspártico y metanol,** tres sustancias químicas que, en exceso, pueden afectar negativamente el sistema nervioso.

Las agencias reguladoras como FDA (Administración de Alimentos y Medicamentos de los Estados Unidos) y EFSA (Autoridad Europea de Seguridad Alimentaria) siguen considerándolo seguro dentro de los límites establecidos, pero los resultados en modelos animales dejan abierta una pregunta incómoda: ¿es realmente inofensivo?

Cuando el origen de la ansiedad es desconocido y la respuesta es la histamina

La histamina no sólo es responsable de alergias, la regulación gástrica, y la regulación de la inflamación. En el cerebro, también actúa como neurotransmisor y responde al estrés. Los niveles elevados de histamina cerebral están relacionados con ansiedad en situaciones de estrés agudo, mientras que en el estrés crónico podrían cumplir una función protectora. Un desequilibrio entre serotonina e histamina se ha asociado con síntomas ansiosos. La serotonina tiene funciones claves como regular el estado de ánimo, el sueño, el apetito, la temperatura corporal y la respuesta sexual. De hecho, estudios en animales muestran que tratamientos que aumentan la serotonina y reducen la histamina pueden restaurar el equilibrio emocional.

En humanos, hay cada vez más evidencia de que la **intolerancia a la histamina** —cuando el cuerpo no la metaboliza correctamente dificultando su eliminación y se acumula dando múltiples síntomas— podría contribuir a la ansiedad. Un estudio realizado en la República Checa encontró que más del 35 % de las personas con trastornos de ansiedad presentaban síntomas de esta intolerancia alimentaria.

La intolerancia a la histamina puede ocasionar algunos de los siguientes síntomas:

- contractura cervical, dolores de cabeza y migrañas. En algunas mujeres, también son comunes los dolores de cabeza intensos en la ovulación o en la etapa previa a la menstruación, porque los estrógenos aumentan la liberación interna de histamina;
- ansiedad (en la mayoría de las personas que hemos visto), irritabilidad, confusión mental; "neblina mental";

- problemas para dormir, insomnio, despertar tempra-no; característicamente, muchas personas se des-piertan a las 3 o 4 a. m.;
- congestión nasal, rinitis o goteo nasal, estornudos a repetición (tres o más);
- acidez, reflujo ácido, náuseas, dolor de estómago o abdominal, hinchazón abdominal como un "globo" (algunas mujeres lo describen como un embarazo de 3 o más meses), diarrea, constipación, eructos, vómitos;
- ronchas, picazón (urticaria) en la piel o garganta, en-rojecimiento de la piel, sarpullido con granitos pe-queños, "dermografismo", muchas personas vienen con una rosácea que aumenta o disminuye de inten-sidad y otros con dermatitis atópica;
- arritmia cardíaca (aumento de la frecuencia) a veces con palpitaciones, mareos, cambios en la presión ar-terial, especialmente hipotensión.

La mayoría de las personas que presentan varios de estos síntomas (aunque no todos) tienen intolerancia a la histamina. Es una condición desconocida por el 99 % de la población que afectaría a un 15 % de acuerdo a mi análisis, aunque la literatura médica estima que afecta a un 3 %. Con nuestro equipo hemos diagnosticado y manejado nutricionalmente a miles de personas en Ar-gentina, Uruguay, Estados Unidos y España, entre otros lugares del mundo desde hace 5 años, lo que nos plan-teó hace tiempo enseñarles a esas personas que la ansiedad puede ser causada inclusive comiendo de manera saludable en este contexto. Una situación realmente sorprendente, ya que nadie piensa que una ensalada de tomate, palta (aguacate) y espinaca acompañada de una copa de vino tinto puede causar ansiedad.

Cafeína y genética: ¿por qué algunas personas se sienten peor después del café?

¿Te pasa que tomas una taza de café y te sientes agitado o ansioso, mientras que otras personas toman tres y no les afecta en lo más mínimo? La respuesta está en tus genes. Algunas variantes genéticas, como la del gen *ADORA2A*, hacen que ciertas personas sean más sensibles a los efectos de la cafeína, incluso en dosis pequeñas (como 150 mg). Este gen tiene la información para producir un receptor en el cerebro que responde a la adenosina, una sustancia que promueve el sueño. La cafeína bloquea ese receptor, y si tienes la variante sensible, el efecto puede ser demasiado estimulante. Además, hay café en muchos otros productos: té, gaseosas, bebidas energizantes, chocolates y, por supuesto, en el mate. Conocer cuánta cafeína estás consumiendo (y cómo te afecta) puede ayudarte a prevenir crisis de ansiedad aparentemente "inexplicables".

Alimentación para el bienestar mental: lo que comemos también impacta en nuestra mente

Un estudio reciente con más de 180 000 personas demostró que seguir una **alimentación equilibrada** como la *EAT-Lancet* puede **reducir hasta un 25 % el riesgo de ansiedad y depresión**. Este tipo de alimentación prioriza alimentos vegetales, granos integrales, proteínas saludables (como pescado, huevos y legumbres), y minimiza el consumo de azúcares y ultraprocesados.

¿Por qué funciona? Porque:

- Reduce la inflamación, que está implicada en muchos trastornos mentales.
- Mejora la salud del microbioma intestinal, clave para la producción de serotonina.
- Aporta nutrientes esenciales como vitaminas del grupo B, omega-3, zinc y magnesio.
- Estabiliza los niveles de azúcar en sangre, lo que evita altibajos emocionales.

No reemplaza la psicoterapia ni la medicación cuando son necesarias, pero sí puede ser una herramienta poderosa para prevenir y acompañar el tratamiento de los trastornos de ansiedad y depresión.

Desde 2019, esta propuesta de alimentación saludable que **promueve el bienestar cotidiano y reduce el riesgo para desarrollar enfermedades crónicas** es llevada adelante por un grupo de científicos y expertos de renombre mundial que han conformado la **Comisión**

EAT-Lancet. Formada por la organización internacional sin fines de lucro, *EAT* (en inglés significa comer) dedicada a transformar los sistemas alimentarios globales en colaboración con una de las revistas médicas más prestigiosas del mundo, *The Lancet*.

El **máximo objetivo es prevenir 11 millones de muertes prematuras al año** relacionadas con la práctica de alimentaciones poco saludables.

¿Qué puedes hacer tú desde hoy?

La próxima vez que sientas ansiedad, en lugar de pensar que "te agarró de la nada", hazte estas preguntas:

- ¿Cuánto café, mate o té tomé hoy?
- ¿Consumí productos con aspartamo?
- ¿Tomé bebidas energizantes o gaseosas?
- ¿Comí alimentos ricos en histamina (como tomate, chocolate o frutillas, entre tantos otros), y sé si tengo intolerancia a la histamina?

Porque no todo lo que altera nuestras emociones nace en la cabeza. A veces, la ansiedad empieza en lo que comemos, en lo que tomamos, o en cómo nuestro cuerpo reacciona sin que nos demos cuenta.

Jorge Dotto es médico. Cofundador del Centro de Genética Jorge Dotto (jorgedotto.com), empresa pionera en Argentina y la región en medicina de precisión. Egresado de la Universidad de Buenos Aires (UBA). Fue jefe de residentes en la *Yale University School of Medicine*, donde realizó su especialización en anatomía patológica, y patología ginecológica y mamaria. Es especialista en patología molecular y genética de la *Harvard Medical School*.

Referencias bibliográficas de Jorge Dotto:

1. Choudhary, Arbind Kumar, and Yeong Yeh Lee. "Neurophysiological symptoms and aspartame: What is the connection?" Nutritional neuroscience vol. 21,5 (2018): 306-316. doi:10.1080/1028415X.2017.1288340.

2. Hersey, Melinda et al. "A tale of two transmitters: serotonin and histamine as in vivo biomarkers of chronic stress in mice." Journal of neuroinflammation vol. 19,1 167. 27 jun. 2022, doi:10.1186/s12974-022-02508-9.

3. Ito, C. "The role of brain histamine in acute and chronic stresses." Biomedicine & pharmacotherapy = Biomedecine & pharmacotherapie vol. 54,5 (2000): 263-7. doi:10.1016/S0753-3322(00)80069-4.

4. Jones, Sara K. *et al.* "Learning and memory deficits produced by aspartame are heritable via the paternal lineage." Scientific reports vol. 13,1 14326. 31 Aug. 2023, doi:10.1038/s41598-023-41213-2.

5. Lu, Xujia *et al.* "Adherence to the EAT-Lancet diet and incident depression and anxiety." Nature communications vol. 15,1 5599. 3 Jul. 2024, doi:10.1038/s41467-024-49653-8.

6. Medlineplus. Anxiety. Visitado en marzo 2025. https://medlineplus.gov/anxiety.html

7. Nagata, Jason M. *et al.* "Screen time and mental health: a prospective analysis of the Adolescent Brain Cognitive Development (ABCD) Study." BMC public health vol. 24,1 2686. 7 Oct. 2024, doi:10.1186/s12889-024-20102-x.

8. Nosková, E. *et al.* "Histamine intolerance and anxiety disorders: pilot cross-sectional study of histamine intolerance prevalence in cohort of patients with anxiety disorders." European Psychiatry vol. 65, Suppl 1 S387–S388. 1 Sep. 2022, doi: 10.1192/j.eurpsy.2022.980.

9. Otowa, T *et al.* "Meta-analysis of genome-wide association studies of anxiety disorders." Molecular psychiatry vol. 21,10 (2016): 1391-9. doi:10.1038/mp.2015.197.

10. Yamada, Koji *et al.* "Involvement of adenosine A2A receptors in depression and anxiety." International review of neurobiology vol. 119 (2014): 373-93. doi:10.1016/B978-0-12-801022-8.00015-5.

CAPÍTULO 4

LA VISUALIZACIÓN COMO MODO DE VIDA

4.1 | Neurociencia y longevidad: la importancia de cuidar nuestro estilo de vida

Durante muchos años se creyó que la longevidad era una cuestión puramente genética o algo simplemente librado al azar. Sin embargo, hoy la neurociencia y la medicina del bienestar afirman, de forma contundente, que cómo envejecemos depende en mayor medida de nuestros hábitos diarios. El estilo de vida se convierte en el principal foco de interés para vivir y sentirnos mejor. Cada hábito que repetimos de forma diaria a lo largo de nuestra vida va reforzando el camino neuronal. Esos caminos son los que, en definitiva, van determinando no solo cómo pensamos, sino también cómo envejecemos y cómo transitamos nuestra experiencia de vida.

Por ello, vivir de una forma alineada, consciente y coherente con cómo queremos sentirnos, tanto a nivel físico como mental, no se trata solamente de una decisión de bienestar, sino también de una estrategia neurocientífica. Tampoco es una decisión efímera y de turno, sino, por ejemplo, la elección de comer de manera saludable para vernos y sentirnos mejor a lo largo de nuestra vida.

Cuando estamos más grandes comenzamos a notar cómo nuestro cuerpo y energía cambian de forma exponencial. En esta etapa percibimos una gran diferencia si venimos haciendo las cosas bien, hace ya varios años. Lograr incorporar caminatas todos los días es de singular importancia. El deporte nos mantendrá vitales a lo largo de nuestro camino. Es clave practicarlo de forma cotidiana dos o tres veces a la semana. Tomarse con seriedad el tema del descanso como les he venido comentando, es otra premisa fundamental. Respetar horarios y tener rutinas de sueño son la base del éxito. La forma de alimentarnos es otro pilar fundamental de esta ecuación. Se trata de tomar conciencia, ser amorosos, respetuosos y responsables con nuestro cuerpo. Somos lo que comemos. Es el combustible que nos da energía. En definitiva, tanto el cerebro como el cuerpo funcionan a través de procesos bioeléctricos, electromagnéticos y químicos, lo cual implica movimiento de energía constante. Por ello, piensen lo valioso que es cómo nos nutrimos de adentro hacia afuera para que todo funcione en armonía. Nuestra plenitud es algo que se construye con amor, dedicación y autoconsciencia en cada fase de la existencia.

Por último, pero de vital importancia, es importante lograr incorporar el maravilloso hábito —que les vengo comentando desde la primera hoja de este libro— de meditar de forma diaria y continua para lograr educar a nuestra mente a pensar y funcionar de manera amorosa y calma. Somos capaces de salir del piloto automático y no vivir en un estado de alerta constante.

Esto, a su vez, nos ayudará a cultivar el amor propio y la empatía. De esta manera, lograremos vincularnos con amor hacia nosotros mismos y hacia nuestros seres queridos. La alteridad nace del dar a los demás desde lo más profundo de nuestro ser. Todo esto son las bases del famoso entrenamiento cerebral del que venimos hablando a lo largo de este libro. Se trata de ejercitar el cerebro para vivir más años con mayor vitalidad y lucidez.

En síntesis, nuestro estilo de vida es nuestra mayor herramienta de longevidad. Cada decisión que tomamos es una señal que le damos al cerebro. Él, desde la neuroplasticidad, responde y construye la estructura para sostenerse a sí mismo.

Para la neurociencia moderna, la longevidad no es sinónimo de años de vida, sino de calidad de vida. Es decir, la vitalidad, la energía, el foco, la claridad emocional y el propósito de vida sostenido nos permite que seamos capaces de vivir. Al fin de cuentas, se trata de la suma de momentos y decisiones que vamos tomando en cada fase de la vida, las que van construyendo nuestra realidad. Cómo interpretamos lo que nos pasa, cómo nos vinculamos con otras personas, cómo reaccionamos frente a las cosas que nos suceden —tanto lindas como feas—, son los elementos que nos van determinando. En suma, cada decisión que tomemos y los hábitos que logremos incorporar con el paso del tiempo serán, para cada uno de nosotros, de un gran impacto. No solo para el presente, sino a lo largo de nuestro camino. Todo lo que vamos construyendo se potencia con el pasar de los años. Desde cómo respiramos, qué pensamos, cómo nos sentimos, cómo nos alimentamos y cómo dormimos.

Todo esto impacta de forma directa en nuestro sistema nervioso y en la velocidad con la que envejecemos tanto por dentro como por fuera. Esto se debe a que el cerebro no solo interpreta la vida que llevamos, sino que también dirige cómo la viviremos, cuánto la disfrutaremos y por cuánto tiempo lo haremos con plenitud. Es por ello que vuelvo, nuevamente, al punto central de este libro. La importancia del entrenamiento cerebral para educar al cerebro, para disfrutar de la vida de una manera amorosa, calma y consciente.

Como ya les he contado, gracias a la neuroplasticidad, nuestro cerebro puede regenerarse con el curso de los años. Lo que aquí vengo a agregar es que, gracias a la neurogénesis en el hipocampo, también se ha demostrado que el cerebro tiene la habilidad de seguir creando nuevas conexiones neuronales en la vida adulta. Incluso puede generar neuronas nuevas en ciertas áreas, si lo estimulamos adecuadamente.

Como he dicho, nuestra longevidad cerebral está íntimamente vinculada con nuestro estilo de vida. Por ello, tener un propósito claro de vida que nos motive e invite, cada día, a ir en la búsqueda de esos pequeños momentos para sentirnos realizados por cualquier cosa mínima que hagamos, tiene una gran influencia en el bienestar. Es, desde este lugar, desde donde invito a todos y a cada uno de ustedes a ir en búsqueda de su verdadero propósito. Algunos nacemos con esto muy claro, a otros nos lleva años encontrarlo.

Lo importante es mantener ese deseo de descubrirlo encendido a lo largo del camino y cuando lo logramos, ser capaces de alinearnos con él, vivir una vida desde la plenitud y el disfrute de hacer lo que nos nutre y da vitalidad. En suma, para mí, de esto se trata la vida y el disfrute. Alinearnos con pequeñas grandes metas que nos hacen sentirnos autorrealizados en distintos planos de la existencia.

Llevar una vida saludable, como vengo proponiéndoles transversalmente a lo largo de este libro, influye de un modo significativo y directo en la calidad de vida. Y está totalmente influenciada por los hábitos, los vínculos humanos de los que nos nutrimos, y qué hacemos para generar el propio bienestar y el de las personas que nos rodean. Estados como la empatía, la gratitud, la esperanza, los vínculos sociales y el optimismo sostenido, activan áreas cerebrales protectoras. Es por esta razón que les vengo proponiendo construir una rutina posible, a medida de cada uno de ustedes, que les permita vivir con una longevidad de calidad.

Una mente rumiante, preocupada y en alarma constante es una mente que genera cortisol en exceso y que nos lleva, en forma directa, a reducir la neuroplasticidad. De este modo, comienza a debilitarse el sistema inmunológico y se afectan zonas clave del cerebro.

Desde la neurociencia del bienestar, no se trata solo de vivir más, sino de vivir mejor, con un cerebro activo, un cuerpo fuerte y un estado emocional equilibrado.

La neurociencia actual valida estas prácticas como protectoras del envejecimiento neurológico:

Hábito	Beneficio neurocientífico comprobado
Sueño profundo	Limpia toxinas del cerebro, fortalece la plasticidad
Aprendizaje constante	Aumenta las conexiones neuronales. Activa y fortalece el hipocampo. Libera dopamina y fortalece la motivación.
Meditación y *mindfulness*	Reduce el estrés, mejora la regulación emocional y la atención. Mejora la empatía y la autoconciencia. Reduce la densidad de la amígdala.
Ejercicio físico regular	Estimula el BDNF (factor neurotrófico), protege la memoria. Mejora el foco, regula las emociones. Produce serotonina, dopamina, endorfinas y reduce el cortisol.
Alimentación antiinflamatoria	Protege el cerebro, mejora el estado de ánimo, aumenta el foco y previene el envejecimiento.
Relaciones positivas	Libera oxitocina, dopamina y serotonina. Genera sensación de seguridad emocional.
Propósito vital	Activa la corteza prefrontal, nos da foco, energía y sentido.

La ciencia ya no tiene dudas de que son los milagrosos hábitos diarios los que impactan de forma directa en la salud cerebral, emocional y celular. Son los principales reguladores de nuestra producción de serotonina y dopamina. Esto es así, ya que son ellos los que, en definitiva, determinan cuán jóvenes nos sentiremos por dentro, más allá de la edad biológica que tengamos. La vitalidad está directamente relacionada con nuestra forma de sentir, vivir y disfrutar la vida a lo largo de los años. Sin lugar a duda, apropiarnos de poderosas rutinas de bienestar nos va a ayudar a transitar este largo camino con diferentes aristas de una manera más liviana y feliz.

La serotonina es la hormona del bienestar por excelencia. Es la gran protagonista de la tan buscada estabilidad emocional, que vamos construyendo durante el desarrollo vital. Se produce en un 90 % en el intestino, pero sus efectos se sienten de forma directa en el cerebro porque estabilizan de forma considerable el estado de ánimo y la longevidad emocional. A la vez, nos ayudan a mejorar la calidad de sueño y refuerzan la sensación de bienestar integral. Para estimular esta hormona es clave que trabajemos en nuestro bienestar a través de todas las prácticas que les vengo compartiendo.

Pero sobre todas las cosas es muy importante trabajar en las relaciones más significativas. La felicidad social tiene un correlato real muy potente, genera bioquímica de bienestar. Un vínculo fuerte y sano con un familiar y/o con un muy buen amigo, nos brinda la sensación de seguridad. Su presencia cercana nos ayuda a activar el sistema parasimpático de calma. De esta forma, al ir consolidando un vínculo logramos ir bajando el modo alerta y sentirnos más contenidos. Compartir emociones con gente que amamos regula la amígdala, centro del miedo, y facilita la integración emocional desde la corteza prefrontal. La relación cuerpo y alma se relajan. El corazón se regula y el cerebro se siente cuidado y "en casa".

Peter Attia, autor de *Outlive, The Science and Art of Longevity*, propone al respecto una visión que va más allá de la medicina tradicional para lograr tener una vida plena. Su enfoque, llamado -Medicina 3.0-, nos invita a replantearnos no solo cuántos años queremos vivir, sino cómo queremos vivirlos. En esa ecuación, el cerebro es el protagonista. Es aquí donde se unen su visión y la mía. Él se refiere a optimizar el *health span*, es decir, la cantidad de años vividos con plena funcionalidad física, emocional y cognitiva. En ese camino, cuidar y entrenar el cerebro es una de las inversiones más importantes que podemos hacer.

Dentro de sus pilares se encuentran: el ejercicio físico, la gestión del estrés y la salud emocional, un buen descanso como estrategia neuroprotectora y fortalecer la neuroplasticidad. La fortaleza y claridad mental se obtienen haciendo ejercicio de forma habitual. El estrés crónico genera neurotoxicidad, y es por ello que recomienda prácticas como el *mindfulness* y la respiración consciente como parte esencial del plan de longevidad.

Los vínculos sanos son también un punto importante para la gestión del estrés. Nos nutrimos de los vínculos y, por ende, debemos ser cautos a la hora de elegir con quién compartimos nuestras vidas. A su vez, el descanso profundo y regular es esencial para la salud del cerebro. Por último, uno de los secretos para tener un cerebro joven es mantenerlo en constante crecimiento. Aquí los remito a los principios de neuroplasticidad que fueron desarrollados en el capítulo 3.

Afirma que la longevidad no es solo física ni mental, sino también emocional y espiritual. Por ello, es fundamental vivir con propósito, vincularnos con personas que cumplan un papel importante en nuestras vidas y tener metas a corto y largo plazo. Finalmente sostiene, al igual que yo, que cultivar nuestra gratitud modula neurotransmisores protectores como la dopamina, la oxitocina y la serotonina. Esto impacta directamente en la calidad de vida del cerebro.

4.2 | Cómo manifestar la vida que soñamos según la neurociencia y la ley de atracción

Desde pequeña soñaba con una vida en grande. Con grandes amores, sueños, pasiones, experiencias y amistades, entre otras cosas. Lo que yo no sabía era que ya desde aquel entonces utilizaba una forma muy similar a la que utilizo hoy en día para visualizar y manifestar, diariamente, la vida que proyecto, sueño y anhelo.

Como comencé contándoles en la introducción, manifestamos cada vez que somos capaces de alinear y sentir los deseos y metas con el poder de la mente y el alma. Ya sea intencionado (desde lo milagroso de un mantra, una visualización, un ritual o una religión) hacia donde queramos ir. Sin embargo, tener una metodología científicamente probada y propia que nos funcione, es realmente un triunfo. Aquí me refiero a lograr vivir con la sensación de que TODO VA A ESTAR BIEN, pase lo que pase.

Conseguimos en cierto punto soltar la mente, escuchar la propia intuición y la voz interior para lograr fusionarla con la aspiración más deseada. Es desde este lugar que manifestamos, con la práctica cotidiana, desde la neurociencia aplicada y con la ley de atracción que las cosas que nos proponemos realmente sucederán.

Luego también aprendemos que, muchas veces, cuando las cosas no se dan justo en el momento que queremos es porque hay un plan mejor. Todo al final llega en el momento indicado. Se trata, en un punto, de soltar y confiar. Esta es mi forma de vivir y de sentir la manifestación luego de muchos años, experiencias y vivencias.

En mi experiencia personal, es la visualización desde la neurociencia, sumado a un tinte espiritual (siempre he sido un ser espiritual) las que me han transformado por completo. Es como si ahora sintiese que todo lo que me proponga puede convertirse en realidad. Hoy ya confío, desde lo profundo, que todo lo que pasa por mi visualización diaria sucede y se alinea de la mejor forma en mi vida. Ya entraré a fondo en este tema. Sin embargo, quería adelantarles algo de lo que vengo experimentando en los últimos cuatro años de mi vida. No desde la razón, sino desde la mente (visualización), el sentir y la acción. Se trata de sentir e ir por ello desde la activación neuronal que ocurre con fundamento en la neurociencia aplicada y la ley de atracción. Como les he anticipado, no se trata de otra cosa que de alinear nuestros deseos más profundos con las acciones que llevamos adelante para hacerlos posibles. No es magia, pero si algo de la índole de la neurociencia y de lo milagroso, tal vez. Al menos lo es así para mí.

Estudiando neurociencia en *MIT*, tuve la gran sorpresa que quien fue mi profesora, Tara Swart, además de ser neurocientífica, es una especialista en cómo manifestar a través de los *Vision Boards* o paneles de acción. De pronto, todo lo que yo venía haciendo y practicando, hace años desde un costado tal vez más espiritual, se volvió científico. Con ello, llegaron las certezas que un rinconcito de mi mente necesitaba escuchar.

Ahí, todo cobró más fuerza. Existe una fundamentación que me permite explicar, desde la ciencia, lo que yo venía sintiendo en mi vida desde que había adquirido el maravilloso hábito de manifestar.

Hoy en día, la neurociencia moderna afirma y apoya el poder de la visualización mental como una herramienta poderosa que tenemos todas las personas para modificar el cerebro, reforzar la motivación y acercarnos lo más posible a objetivos concretos que tengamos. Esto es así, tanto en nuestro ámbito personal como en el mundo ejecutivo y del deporte.

Aquí quiero aclarar algo interesante. Si bien el término **manifestación** puede tener connotaciones más espirituales o metafísicas, lo que la neurociencia justifica con claridad es que visualizar con intención y desde los cinco sentidos activa las mismas redes neuronales que se utilizan para ejecutar acciones reales. Es decir, que lo que somos capaces de vivir a nivel mental para nuestro cerebro es real. Ello, sin dudas, nos aproxima a que eso ocurra en la realidad.

Visualizar con claridad y emoción no es algo de índole fantasioso y mágico, sino, por el contrario, una estrategia validada por la neurociencia para moldear el cerebro, enfocar la atención, equilibrar la bioquímica cerebral y reforzar comportamientos alineados con nuestras metas.

Cuando visualizamos con intención, entrenamos al cerebro para operar en esa dirección. Lo que el cerebro imagina con suficiente intensidad, el cuerpo empieza a prepararse como si ya fuera real, lo que aumenta las probabilidades de lograrlo. Es decir, si bien la visualización no reemplaza la acción, prepara el sistema nervioso para actuar de forma más alineada, eficaz y enfocada.

Cuando intencionamos nuestros deseos, se activan varias áreas del cerebro. La primera es la corteza prefrontal, encargada de la planificación, la voluntad y la toma de decisiones. Luego la amígdala que es la encargada de procesar las emociones. Por último, la corteza motora que simula las acciones. A su vez, con cada intención y visualización, se liberan neurotransmisores como la dopamina, que refuerza la motivación y el aprendizaje. De esta forma, comienzan a fortalecerse los caminos neuronales relacionados con las metas visualizadas. Como ya les he venido contando, esto hace aún más probable que el cerebro oriente los comportamientos y percepciones para cumplir con ese objetivo y vaya hacia él.

Joe Dispenza va un poco más allá. Sostiene que cuando logramos visualizar desde la intuición y la emoción, el cerebro y el cuerpo, de forma simultánea, llegan a creer que esa experiencia es real. Según él, esto logra cambiar nuestra biología y nuestros circuitos neuronales. Concluye que, en este punto, es cuando realmente nos predisponemos a crear esa realidad que buscamos. Desde una mirada científica, lo que él describe se alinea con la neuroplasticidad y la creación de nuevas redes neuronales por repetición mental y emocional, como desarrollé en el capítulo anterior.

En el mismo sentido Tara, mi profesora de *MIT*, concebía a la manifestación y la visualización, respaldadas por la neurociencia, como herramientas potentes para el autodescubrimiento y despertar interior. Cuando logramos alinear los pensamientos, emociones y acciones con lo que verdaderamente anhelamos, el cerebro comienza a reconfigurar sus circuitos, orientándose con mayor claridad y coherencia hacia el logro de las metas. Es decir que se reconfiguran los patrones neuronales y van desde este lugar en busca de lo que queremos conseguir. Se trata aquí, nuevamente, de la neuroplasticidad.

Como les fui compartiendo a lo largo del libro, mediante prácticas como la visualización, la meditación y la atención plena, podemos influir de forma considerable en esta plasticidad para fomentar cambios positivos en nuestra vida y transformar, a su vez, pensamientos negativos y limitantes.

Si somos capaces de vivir una vida desde la poderosa manifestación diaria, se abrirá, para cada uno de nosotros, una nueva forma de vida. Donde todos lograremos ser los dueños de nuestro propio destino. Tal vez esto suene algo pretencioso o extravagante, pero puedo dar fe, desde mi experiencia, que si entrenamos la mente para ir hacia donde queremos, a la corta o a la larga, esto realmente ocurrirá.

Visualizar cada mañana nuestros deseos más profundos y alinearlos con la elección de vida, es, sin dudas, una forma muy significativa de comenzar nuestro día. Se trata de un cambio de 360 grados para la mente que vive hace muchos años influenciada por el modo super-

vivencia. A mi modo de ver, es un gran avance de la neurociencia aplicada que nos da la fórmula para ir hacia
nuestras oportunidades y enfrentar la vida con más confianza y seguridad. A la vez, es una forma de comenzar a
apagar nuestros miedos y pensamientos negativos, que
muchas veces nos determinan y condicionan.

Llevo muchos años de mi vida en la búsqueda de
alguna práctica, religión o disciplina que me ayude a
vivir como he aprendido a vivir en estos últimos años.
Fueron la manifestación desde la visualización y la meditación en conjunto con la respiración diafragmática,
las herramientas que han cambiado por completo mi
vida. Y son las que les quiero, desde lo más profundo,
compartir.

Fotografía de Mani García Cavalieri

Fue hacia finales del 2022 cuando, viviendo en Uruguay, vinimos a visitar España, donde actualmente vivimos, con el anhelo de encontrar nuestro nuevo hogar. Yo tenía muy claro que quería encontrar nuestro lugar en el mundo para que crezca nuestra hija y disfrutemos en familia los próximos años. Para mí era un sueño grande. No había una razón especial para mudarnos ni un plazo. Sólo un deseo significativo que yo tenía hace ya muchos años de pasar algunos años de mi vida de este lado del mundo.

Fue específicamente en octubre de ese año, mientras viajamos por España conociendo ciudades, colegios y lugares, cuando cada mañana meditaba y manifestaba para que aparezca el escenario ideal para vivir. Estábamos de paso por Punta del Este, ya hace tres años, y, en lo personal, sentía que teníamos pendiente, desde antes de casarnos, elegir cuál era el lugar donde queríamos vivir por, al menos, unos años.

Pasaron apenas unos días del regreso de ese viaje, cuando le propuse a mi marido mudarnos a Madrid. Mi ciudad favorita del planeta. Yo sentía que tenía que ser antes de marzo del siguiente año. Lo que para mi marido era una locura en todo sentido y muy difícil de hacer, para mí era mentalmente posible desde lo más profundo de mi ser y convicción. Se trataba de una sensación interna muy fuerte que yo sentía. Tal vez, no era algo completamente racional sino, como bien les vengo contando, algo que sucede cuando entrenamos la mente y visualizamos los deseos de forma clara hacia un lugar. De algún modo, ellos nos van llevando hacia allí. Y, tarde o temprano, sabemos que vamos a llegar.

Si ahora lo pienso, había miles de cosas por resolver: cómo hacer la mudanza, cómo elegir el departamento donde vivir a la distancia, qué colegio iba a ser el mejor para nuestra hija Jazmín, cómo íbamos a trabajar con la diferencia horaria con Argentina y Uruguay, miles de trámites, cosas para abrir aquí y cerrar allí, etc. No puedo explicarles muy bien cómo, pero todo fluyó y ocurrió. En el mes de febrero del 2023 estábamos mudándonos de Uruguay a Madrid. Hicimos una mudanza internacional en avión por nuestros propios medios con un vuelo lleno de valijas. Hoy pienso en ese día y sonrío. Recuerdo aquellos largos días de diciembre del 2022 y enero del 2023 donde armé 18 valijas llenas de juguetes, ropa y algo de las cosas de toda una vida que quedaban aún en nuestras manos.

En menos de tres años nos habíamos quedado con menos de un cuarto de las cosas que teníamos de toda nuestra vida. Lo que se les pueda ocurrir que había en una casa antes de irnos a Uruguay en pandemia, terminó en manos de mucha gente. Regalamos y donamos muebles, ropa, libros, pianos, juguetes y recuerdos de años de vida. Se trataba, literalmente, de un volver a empezar que ya había comenzado en Uruguay, en medio de la pandemia.

Lo que muchas veces me había parecido imposible había tomado fuerza y forma. Logramos conseguir, a la distancia, el departamento donde hoy mismo estoy escribiendo este libro. Lo cerramos y logramos amueblar, con mi marido, todo a la distancia. Yo confiaba en que todo iba a fluir, así lo venía manifestando. Y así sucedió. En un abrir y cerrar de ojos logramos conseguir, elegir y formalizar nuestro nuevo hogar desde el otro lado del océano.

Desarmamos Uruguay, apenas algunas cosas que quedaban en Argentina y comenzamos a armar nuestro piso de Madrid a miles de kilómetros. No me olvido más del día que llegamos a la nueva casa en España, la que hoy es nuestro lugar seguro. Viajamos durante doce horas y al llegar aquí ya estaba amaneciendo. La diferencia horaria y el universo hicieron que, al entrar aquella fría mañana de febrero al nuevo hogar, el sol saliera —por debajo de la tierra esta vez— y apareciera como un nuevo amanecer desde el living de Madrid. Y con él, algo familiar que me acompañaba al otro lado del mundo.

Místicamente en la nueva casa de España un nuevo comienzo de día junto con la salida del sol nos daban la bienvenida al nuevo y tan esperado lugar. De forma profunda, y no casual, somos una familia hace años aficionada a contemplar la salida del sol, la luna y las estrellas. Ni hablar de los arcoíris. Ya hace dos años tenemos la gran bendición de poder apreciar, desde los ventanales de nuestra casa, al sol salir de un lado y ponerse hacia el

otro lado. También, la increíble posibilidad de cada noche poder disfrutar del encanto de las lunas llenas, men-
guantes y crecientes, y las miles de estrellas que abun-
dan en los cielos de este hermoso lugar. Hemos creado
miles de historias por las noches junto a mi hija, sobre
las estrellas que nos iluminan y cuidan antes de dormir.
Estas son las cosas mágicas a las que me refiero sobre
la manifestación en mi vida. No sólo me ha permitido
transformar mi mente y forma de vivir la vida desde la
neuroplasticidad, sino que también me han venido sucediendo cosas, a mi modo de ver, milagrosas.

La mirada que cada uno tiene de la vida depende,
como ya he dicho, del lente con el que hemos aprendido a mirarla. Yo he logrado cultivar en estos últimos años
una vida conectada con las pequeñas cosas de mis días
que hacen que mi calidad de vida y mi forma de vivir
estén más influenciados por el placer y el disfrute. Es un
arte lograrlo, pero es altamente posible.

Es mi deseo, por todo lo que les vengo contando,
compartirles un ejercicio específico para que puedan
también ustedes comenzar a manifestar la vida que desean desde la neurociencia y la ley de atracción. Se trata
de los famosos "Paneles de Visualización y Acción" que
vengo haciendo ya hace cinco años para manifestar la
vida que deseo y con los que vengo trabajando en talle-
res con mucha gente y en varias empresas. Se trata de
una combinación de principios neurocientíficos y técni-

cas para reconfigurar los patrones mentales y facilitar la manifestación de los objetivos.

A continuación, les dejo las instrucciones para que armen su propio panel de visualización para manifestar la vida que sueñan.

Ejercicio: Panel de acción

FLOR BOND

01 Determina **tu intención/es** con todos tus sentidos. SIÉNTELO. Arma un panel de visualización y acción con dibujos y recortes que reflejan tus deseos.

02 Escribe debajo **qué significa cada imagen** y qué sentido quieres darle a cada una.

03 Concéntrate cada día desde la meditación con este panel y cada imagen **visualizando lo que quieras con los 5 sentidos**. Cuando visualizas en detalle tus objetivos, el cerebro piensa que son reales. Así se conecta el inconsciente con el consciente.

04 El cerebro **no distingue entre lo real y lo imaginario**. Por ello, la visualización positiva meditando te generará oxitocina y es desde ese estado que irás detrás de tus deseos.

En suma, se trata entonces de lograr manifestar nuestros anhelos enfocando la atención y la energía en aquello que cada uno de nosotros queramos lograr. Este enfoque consciente nos va ayudar a alinear todo lo que vamos haciendo cada día con las metas que nos propongamos a largo plazo. Aquí se unen la ley de atracción con la neurociencia a través del sistema de activación reticular (*RAS*). El *RAS* es una red neuronal que actúa como un filtro para la información sensorial y determina qué estímulos llegan a la conciencia. La visualización consigue, entonces, que podamos conectarnos con nuestras metas desde los cinco sentidos de una forma muy cercana a la real. De este modo, programamos el *RAS* para ayudarlo a hacer especial énfasis en las oportunidades y recursos relacionados con esas metas. Es así como se facilita su identificación y vamos fortaleciendo las vías neuronales para llegar a cumplir nuestros objetivos.

Les dejo a continuación también un ejercicio práctico para trabajar con sus equipos en sus trabajos.

Ejercicio práctico de visualización para líderes

Con el objetivo de potenciar a líderes y sus equipos, dejo aquí un ejercicio que pueden hacer antes de comenzar la jornada laboral para lograr trabajar con más claridad, seguridad y enfoque, en situaciones de alta exigencia.

1. Busca un lugar tranquilo. Cierra los ojos y realiza 10 respiraciones profundas lentas y largas. Lleva tu atención al momento presente.
2. Visualiza un desafío o situación específica que debas afrontar en el día (por ejemplo, una reunión difícil, una presentación estratégica, una negociación importante).

3. Siéntete en el escenario donde debas llevar adelante esa situación con todos tus sentidos. Visualízate en el lugar, presta atención a cómo será tu tono de voz, haz foco en la seguridad con la que vas a hablar y fíjate qué emociones sientes en tu cuerpo. Todo esto suma para vivirlo de la misma manera que quieras transitarlo después en el mundo real.

4. Cuanto más sensorial sea la experiencia, más profundo será el impacto neuronal. Desde lo visual, imagina con nitidez el espacio donde estarás y cómo será tu lenguaje corporal. Desde lo auditivo, escucha tu voz con seguridad, pausada y segura. Siente confianza en tu postura.

5. Ancla una emoción de éxito. Permítete sentir, desde la visualización, la emoción que quieras tener cuando atravieses ese momento real: calma, claridad, poder, inspiración. Tu cerebro está armando su propio mapa interno que guiará tus decisiones cuando llegue el momento real.

6. Repite esta práctica por al menos 21 días. La repetición fortalece el circuito neuronal. Tu mente comenzará a operar desde esa frecuencia emocional, incluso sin pensar conscientemente en ello.

En síntesis, los líderes que visualizan con intención no solo imaginan el éxito: lo entrenan, lo sienten, lo anticipan y lo construyen desde adentro.

Por último, no quiero cerrar este capítulo sin antes invitarlos a animarse a incorporar en sus rutinas matutinas, cinco minutos diarios, para visualizar e intencionar el día que quieran tener desde el disfrute, con sus cinco sentidos. Se trata de una fórmula potente para entrenar sus cerebros a ir en la búsqueda de todo lo que se propongan desde su propia y profunda pasión.

Considero que si han llegado hasta el final de este libro, seguramente es porque ya están preparados para entrenar sus mentes, escuchar su intuición y animarse a manifestar una vida más auténtica, expansiva y luminosa, tal como la sueñan. Llegó el momento especial de ir por una vida más calma y feliz, desde la neurociencia del bienestar.

CONCLUSIÓN FINAL

Increíblemente he llegado hasta aquí. Me cuesta creer que llegó el final de *RESET*. O tal vez, sea solo un comienzo.

Mi primer libro. Una experiencia única e irrepetible. Siento una gran alegría de haber podido disfrutar mucho de todo el proceso. Escribirlo me ha dejado muy contenta. También aprendí junto a ustedes, con el correr de las páginas, a fluir en mi creación para poder darles lo mejor de mí. Al fin de cuentas de eso se trata la vida, en gran parte, de dejarnos llevar. De lograr sentir en la mayor cantidad de momentos ese "no sé qué". El que nos hace sentir mariposas en la panza. Ese estado de enamoramiento que nos da fuerza y ánimo para poder con todo. Es mi vivencia con la creación de este gran proyecto.

RESET intenta ser una fusión entre fragmentos de mi vida y las herramientas que me permitieron transformarla y transformarme por completo. Mi finalidad ha sido, de algún modo, empatizar con cada una de sus historias y darles un poco de ánimo y optimismo. Podemos cambiar nuestra forma de pensar y de vivir desde la neurociencia del bienestar. Podemos sentirnos mejor. Podemos animarnos a hacer cosas que antes nos parecían imposibles de lograr. Trabajar en construir hábitos saludables, positivos y conscientes para nuestra vida, nos va permitir transformarnos.

Ojalá este libro llegue a las manos de muchas personas y las ayude a descubrir todo su potencial, ojalá ayude a tantas otras a saber que existe luz en medio de la oscuridad. Como dice la frase budista que me acompaña desde pequeña: *"No hemos oído jamás que un invierno no se convierta en primavera"*. Este es el mensaje más lindo que quiero dejarles hoy aquí escrito y con el que quiero cerrar este libro.

Fue hacia finales del 2010 cuando recibí un hermoso regalo desde Japón del expresidente de la *Soka Gakkai* Internacional, Daisaku Ikeda. Un gran escritor y filósofo budista japonés. Casi milagrosamente me obsequió uno de sus libros con fotografías de flores tomadas por él. Así fue que esta frase terminó por quedar grabada en mí para siempre.

Conocer, aprender y usar la neurociencia del bienestar a mi favor, ha sido, tal vez, el mejor hallazgo de mi vida. Y es eso lo que les vine a compartir.

Podemos ser felices. Podemos vivir más livianos, podemos confiar que nada grave está pasando ni va pasar. Podemos aprender a cultivar, desde la neurociencia del bienestar, que TODO ESTÁ BIEN.

BIBLIOGRAFÍA

Achor, S. "*The Happiness Advantage*". Crown Business (2010).

Aristóteles "*Ética Nicomáquea*". Ediciones Colihue (2007).

Attia, P. "*Outlive: The science and art of longevity*". Harmony (2023).

Begle, S. "*Entrena tu mente, cambia tu cerebro*". Granica (2008).

Brooks, A. C. "*From Strength to Strength*". Portfolio (2022).

Cameron, J. "*The Artist's Way*". Penguin (2016).

Castellanos, N. "*Neurociencia del cuerpo*". Kairós (2022).

Clear, J. "*Hábitos atómicos*" Paidós (2018).

Davidson, R.; Goleman D. "*Altered Traits*". Penguin (2017).

Davidson, R. "*The Emotional Life of Your Brain*". Penguin (2012).

Dispenza, J. "*Breaking the Habit of Being Yourself*". Generic (2013).

Dispenza, J. "*You are the placebo*". Hay House Inc. (2014).

Dispenza J. "*Becoming Supernatural: How common people are doing the uncommon*". Hay House Inc. (2017).

Duhigg, C. "*The Power of Habits*". Random House (2014).

Dweck, C. *"Mindset: The New Psychology of Success"*. Ballantine Books (2007).

Emmons, R. *"El pequeño libro de la gratitud"*. Gaia (2016).

Epicteto. *"El arte de vivir (en tiempos difíciles)"*. Alianza (2024).

Ferriss, T. *"La semana laboral de 4 horas"*. RBA. (2007).

Fisher, S. *"Neurofeedback"*. W. W. Norton & Company (2018).

Fredrickson, B. *"Positivity. Crown Archetype"*. (2009).

Goleman, D. *"Emotional Intelligence. Bantam"*. (2005).

Harvard Business Review Press. *"Mindfulness: Atención plena"*. Reverté.

Huberman, A. *Huberman Lab Podcast (2018)*.

Kabat-Zinn, J. *"Vivir con plenitud las crisis"*. Kairós (2016).

Kabat-Zinn, J. *"Coming to Our Senses"*. Balance (2006).

Kabat-Zinn, J. *"Mindfulness for Beginners"*. Sounds True (2016).

Loehr, J. (1990). *"The mental game"*. Penguin books (1990).

Marco Aurelio. *"Meditaciones"*. Editorial El Ateneo (2024).

Newport, C. *"Deep work: Rules for focused success in a distracted world"*. Little, Brown Book Group (2016).

Ratey, J. *"Spark: The revolutionary new science of exercise and the brain"*. Little, Brown Spark (2008).

Rock, D. *"Your Brain at Work"*. Harper Collins (2020).

Rojas Estapé, M. *"Cómo hacer que te pasen cosas buenas"*. Espasa (2023).

Seppälä, E. *"La estela de la felicidad: cómo aplicar la ciencia de la felicidad para acelerar tu éxito"*. Sirio (2018).

Swart, T. *"The Source"*. Harper Collins (2019).

Swart, T.; Chisholm, K. y Brown, P. *"Neuroscience for Leadership: Harnessing the brain gain advantage"*. Blackstone (2020).

Watkins, A. *"Coherence: the science of exceptional leadership and performance"*. Kogan (2021).

Weaver, L. *"Rushing Woman's Syndrome"*. Hay House UK (2017).

Wise, A. *"The High-Performance Mind"*. Tarcher (1996).